БЪЛГАРСКО-АНГЛИЙСКИ И АНГЛИЙСКО-БЪЛГАРСКИ РАЗГОВОРНИК

BULGARIAN-ENGLISH AND ENGLISH-BULGARIAN PHRASE BOOK

Издателство ВИЗАНТИЯ
София

Издателят изказва най-искрена благодарност на Алан Кахълмайер (САЩ) за неоценимото му участие в създаването на разговорника и записа на аудиокасетата, на Джак Лоу (ЮАР) за помощта и критичните бележки по текста, на Джак Лоу и Елзаби Лоу (ЮАР) за помощта, която оказват на български деца инвалиди и правят живота им по-пълноценен и радостен.

Съкращения:
Am. – американски английски
Br. – британски английски

© Алан Кахълмайер
© Нели Стефанова
    Издателство "Византия", София
    ISBN 95-8022-33-8
    ЕТ "Нели Стефанова – прима"

УВАЖАЕМИ ЧИТАТЕЛИ!

Настоящият разговорник със звукозапис е уникално издание, което ви дава следните възможности:

Първо. Да усвоите английския език в степен достатъчна, за да водите елементарен разговор на различни теми. Гаранция за това е съавторството на американец, който отразява езика такъв, какъвто наистина ще го чуете в реалния живот. В звукозаписа са озвучени някои от главите изречение по изречение – първо на български, после на английски език. Изпълнителите са професионалисти – българка и американец. Допълнително в разговорника е включена и "Кратка английска граматика". В глава "Основни езикови конструкции" е предложена система от често употребявани фрази (озвучени в звукозаписа). Чрез замяна на една от думите в тези изречения с други думи по желание, можете да получите безкрайно много нови изречения. Всички английски думи са пояснени с международна транскрипция, а изразите, неозвучени в аудиокасетата са отразени фонетично на кирилица.

Второ. Ако вече владеете английски език в някаква степен, можете да попълните познанията си с разговорни изрази, които ще направят изказа ви по-практичен и лесно разбираем в конкретни речеви ситуации.

Трето. Разговорникът дава възможност на вашите англоговорящи приятели да научат елементарен български език или да ви партнират в разговора, като използват транскрипцията на българските думи с латиница. В разговорника има глава "Българска граматика", написана на английски език.

Рубриките са подредени по азбучен ред според българската азбука. Индексът на английски език се намира на стр. 238.

В звукозаписа са озвучени следните глави или части от тях:

Английската азбука (стр. 6), Българската азбука (стр. 51), Поздрави (стр. 182), Обръщения (стр. 137), Лични данни (стр. 116), Лични местоимения (стр. 10), Глаголи (стр. 18), Числата (стр. 230), Кратки въпроси (стр. 102), Кратки отговори (стр. 105), Заповеди, молби (стр. 83), Дните на седмицата (стр. 79), Месеците (стр. 79), Сезоните (стр. 80), Цветовете (стр. 226), Свойсва, качества (стр. 213), Кога? (стр. 92), Посоки (стр. 188), Основни езикови конструкции (стр. 141).

INTRODUCTION

This phrase book is designed for quick-reference to help you make the most of your stay in Bulgaria. The book covers topics likely to be useful in a range of practical situations, arranged alphabetically in accord with the Cyrillic. A subject index in English is found on page 238.

Though the book is designed primarily for Bulgarians wishing to learn some useful English phrases, the book will also be useful to English language speakers wishing to learn some Bulgarian.

Some of the phrases are recorded on the accompanying casette. Phrases are first spoken in Bulgarian, and then in English.

The following topics are recorded on the CD:

The English Alphabet (p. 6), The Bulgarian Alphabet (p. 51), Greetings (p. 182), How to address people (p. 137), Personal Details (p. 116), Personal Pronouns (p. 10), Verbs (p. 18), Numbers (p. 230), Short Questions (p. 102), Short Answers (p. 105), Commands and Requests (p. 83), The Days of the Week (p. 79), Months (p. 79), Seasons (p. 80), Colours (p. 226), Adjectives and Descriptions (p. 213), When? (p. 92), Directions (p. 188), Language Construction Patterns (p. 141).

ДОПЪЛНИТЕЛНИ УКАЗАНИЯ

Въпросите и отговорите често са дадени заедно в съответния контекст. Положени са усилия да се дадат различни разговорни варианти на едно и също смислово послание. В скоби [ ] са представени варианти на предходното изречение или фраза, подчертана с права линия. В скоби { } е поставена поясняваща или допълваща дума, като незадължителна част от съответното изречение. Напр. изречението "Къде е {град} София [Пловдив]?" съдържа 4 изречения: Къде е София?; Къде е град София?; Къде е Пловдив?; Къде е град Пловдив? Коментарите и поясненията са поставени в скоби ( ).

NOTE ON USE OF THE BOOK

Requests and responses to requests don't often stand alone. Context and redundancy are important. In this book you'll find that an effort was made to provide a sense of the variation and repetition in natural language. For example, in square brackets [ ] you'll find other options on a preceding underlined word or phrase, and in braces { } an excludable word or phrase. 'Where is {the city of} Sofia [Plovdiv]?' is 4 questions: 'Where is Sofia? Where is the city of Sofia? Where is Plovdiv? Where is the city of Plovdiv?'. Comments are put in parentheses ( ).

АНГЛИЙСКАТА АЗБУКА – THE ENGLISH ALPHABET

Англий-ски букви	Название на анг-лийски	Название на кири-лица	Отра-зявани звуци	Англий-ски букви	Название на анг-лийски	Название на кири-лица	Отра-зявани звуци
A, a	ei	ей	[ei]	N, n	en	ен	[en]
			[æ]	O, o	ou	оу	[ou]
			[a:]				[o:]
			[o:]				[o]
			[o]				[u:]
B, b	bi:*	би:	[b]				[u]
C, c	si:	си:	[k]				[ʌ]
			[s]	P, p	pi:	пи:	[p]
			[ʃ]	Q, q	kju:	кю:	[k]
D, d	di:	ди:	[d]	R, r	a:	а:	[r]
E, e	i:	и:	[i:]	S, s	es	ес	[s]
			[i]	T, t	ti:	ти:	[t]
			[e]	U, u	ju:	ю:	[u]
			[ə:]				[ʌ]
F, f	ef	еф	[f]				[ju:]
G, g	dʒi:	джи:	[g]				[i]
H, h	eitʃ	ейч	[h]	V, v	vi:	ви:	[v]
I, i	ai	ай	[ai]	W, w	'dablju	дъбл'ю	[w]
			[i]	X, x	eks	екс	[ks]
			[i:]	Y, y	wai	уай	[ai]
J, j	djei	джей	[dʒ]				[j]
							[i]
K, k	kei	кей	[k]	Z, z	zed	зед	[z]
L, l	el	ел	[l]		zi:	зи: (Am).	
M, m	em	ем	[em]				

* Двете точки (:) означават удължаване на предходната гласна

АНГЛИЙСКА ГРАМАТИКА – ENGLISH GRAMMAR

Целта на представеното по-долу изложение е да Ви запознае най-общо с граматиката на английския език. За по-подробна информация по темата прочетете учебник по английска граматика.

Съществително име – The noun

Според стрижежа си съществителните имена биват прости (pen, book, girls) и сложни (building, unhappiness, sister-in-law) – образувани с наставки, представки или съставени от няколко думи.

Съществителните се делят още на собствени и нарицателни. Съществителните собствени се пишат с главна буква: Bulgaria, Alan, Peter. Освен тях с главна буква се пишат и имената на месеците, националностите, езиците, дните на седмицата: Sunday, May, Bulgarian.

Съществителните нарицателни биват броими и небройми. Броими са напр. a boy (момче), a pen (писалка). Небройми са напр. water (вода), milk (мляко), love (любов).

Множествено число на съществителните

Множествено число на повечето съществителни се образува като към формата за единствено число се добави -s. Ако думата свършва на -o, -s, -ch, -sh, -x, окончанието става -es. Ако думата свършва на -y, предшествана от съгласна, тогава -y преминава в -i и окончанието на думата става -ies. Например:

единствено число	множествено число
a map (географска карта)	maps [mæps]
a pen (писалка)	pens [penz]
a hero (герой)	heroes [ˋhiərouz]
a dress (рокля)	dresses [ˋdresiz]
a match (кибрит)	matches [ˋmætʃiz]
a dish (ястие)	dishes [ˋdɪʃiz]
a baby (бебе, рожба)	babies [ˋbeɪbiz]

Както виждате от примерите, окончанието -s след глухи

съгласни се произнася [s]; след звучни съгласни и гласни – [z].

Известно количество думи имат особена, наследена от по-стари времена форма за множествено число. Ето най-често употребяваните от тях. Запомнете ги:

единствено число	множествено число
man [mæn] – човек, мъж	men [men]
woman [ˈwumən] – жена	women [ˈwimin]
child [tʃaild] – дете	children [ˈtʃildrən]
foot [fut] – крак	feet [fi:t]
tooth [tu:θ] – зъб	teeth [ti:θ]

Събирателните съществителни **people** (хора), **police** (полиция), **cattle** (добитък) винаги са в множествено число. **Peoples** означава народи (от people – народ).

Някои думи, заимствани от други езици, са запазили формата за мн.ч., която са имали в съответния език. Напр.:

formula [ˈfɔ:mjulə] – формула → formulae [ˈfɔmjuli:]
erratum [iˈra:təm] – печатна грешка → errata [iˈreitə]

Род на съществителното

Граматическата категория род в английския език представлява нещо по-различно, отколкото на български. Всички неодушевени предмети са от среден род (it). Един англичанин или американец би се обидил обаче, ако назовете детето му it ("то" – детето или "то" – бебето). Бебето от женски пол е she (тя), а от мъжки – he (той).

Всички съществителни имена, означаващи хора и животни от мъжки пол са в мъжки род (he), а всички хора и животни от женски пол са от женски род (she). Напр.:

м.р.	ж.р.	ср.р.
man (мъж)	girl (момиче)	chair (стол)
boy (момче)	sister (сестра)	table (маса)
father (баща)	mother (майка)	bed (легло)

Притежателен падеж на съществителното

Притежателният падеж изразява принадлежност в най-широкия смисъл на думата. Образува се чрез добавяне на 's. Например: **Peter's friend** – приятелят на Питър; **my friend's book** – книгата на моя приятел; **the cat's tail** – опашката на котката. Ако съществителното в множествено число завършва на -s, то в притежателен падеж трябва да се добави само апостроф ('). Напр.: **our friends' books** – книгите на нашите приятели. Към съществителните в множествено число, завършващи с други букви се прибавя 's: **these men's plans** – плановете на тези хора; **our children's notebooks** – тетрадките на нашите деца. В притежателен падеж се употребяват главно съществителни, означаващи живи същества.

**Членуването в английския език –
The Article in the English Language**

Неопределителен член – The Indefinite Article

Неопределителният член a (an) е произлязъл от дума, означаваща един (one) и затова се употребява с названия на предмети, които могат да бъдат преброени и са в единствено число. Общото му значение е един от многото, някой, някакъв. Много често не се превежда. Напр.:

My friend is a teacher. – Моят приятел е учител.

Give me a notebook. – Дай ми една тетрадка.

There is an apple on the table. – На масата има ябълка.

Формата a се употребява преди дума, започваща със съгласна или полугласна, а формата an – пред дума, започваща с гласна или нямо h.

Пред съществителни в множествено число a (an) не се употребява.

Определителен член – The Definite Article

Определителният член (the) е произлязъл от дума, означаваща някога "онова" (that). Употребява се с названията на предмети, за които вече е ставало дума, а също с названия на предмети, които са единствени по рода си.

Този член се употребява със съществителни в единствено и множествено число. Има ударение и се чете слято със следващата дума. Произнася се [ðə] преди думи, започващи със съгласна или полугласна: the baby, the university, the window; или [ði] пред думи, които започват с гласна или нямо h: the apple, the hour, the orange.

Местоимения – Pronouns

Лични местоимения – Personal Pronouns

Именителен падеж – Nominative Case

1. I [ai] – аз
2. You [ju:] – ти, Вие
3. He [hi:] – той
   She [ʃi:] – тя
   It [it] – то

1. We [wi:] – ние
2. You [ju:] – вие
3. They [ðei] – те

Примери (озвучени са в касетата, заедно с личните местоимения):

Аз съм тук.	I am here.
Ти закъсня.	You are late.
Той е там.	He is over there.
Тя се облича добре.	She dresses well.
Красиво е.	It is beautiful.
Ние закъсняхме	We were late.
Вие всички сте прекрасни.	You are all wonderful.
Те всички са щастливи.	They are all happy.

Косвен падеж – Objective Case
me [mi:] – мен, на мен
you [ju:] – теб, на теб
him [him] – него, на него, нему
her [hə:] – нея, на нея
it [it] – него, на него

us [ʌs] – нас, на нас
you [juː] – вас, на вас
them [ðem] – тях, на тях

Възвратни и емфатични (усилващи) местоимения – Reflexive and Emphatic Pronouns

Възвратните и усилващите местоимения звучат и се пишат еднакво, но се използват в различни сигуации.

Възвратните местоимения показват, че действието се възвръща към лицето, което го извършва. Напр.: And I think to myself "What a beautiful day!" – И си мисля: "Какъв красив ден!".

Усилителните местоимения служат за подчертаване на нещо. Напр.: I did it myself. – Аз сам (сама) го направих.

В ед.ч. се образуват с наставката -self, а в мн.ч. този суфикс придобива формата -selves:

ед.ч.
1. myself [mai`self]
2. yourself [`joːself]
3. himself [himself]
   herself [`həːself]
   itself [itself]

мн.ч.
1. ourselves [`awə`selvz]
2. yourselves [juə`selvz]
3. themselves [ðəm`selvz]

Не всички глаголи, които на български са възвратни, са такива и на английски. Например:

опитвам се – to try
обличам се – to dress

Емфатичните (усилителните) местоимения стоят след съществителното, към което се отнасят:

He himself told me that. – Той **самият** ми каза това.

Ако подчертават подлога, се слагат в края на изречението: He told me that himself. – Той ми каза това сам.

Oneself е безлично възвратно местоимение и се употребява в някои изрази:

to be oneself – да бъдеш такъв, какъвто си (да се държиш естествено)

to think for oneself – мисля самостоятелно.

Реципрочни местоимения – Reciprocal Pronouns

each other – един на друг (за две лица)
one another – един друг (за повече от две лица)
Напр.: They love each other – Те (двамата) се обичат.

Members of this group help one another. – Членовете на тази група си помагат един на друг.

В разговорната реч това правило най-често не се спазва.

Притежателни местоимения – Possesive Pronouns

Притежателните местоимения в английския език имат две форми: 1) Когато притежателното местоимение се употребява като прилагателно и стои пред съществителното; 2) Когато притежателното местоимение замества съществителното. В първия случай прилагателното приема рода и числото на съществителното.

my [mai] – мой	our [ouə] – наш
your [jɔ:] – твой	your [jɔ:] – ваш
his [hiz] – негов	their [ðɛə] – техен
her [hə:] – неин	
its [its] – негов	

Напр. This is my apple. – Това е моята ябълка.
　　　　Look at my friends. – Виж моите приятели.

Когато притежателните местоимения заместват съществителното, те имат следната форма:

1. mine [main]	1. ours [´auər]
2. yours [jɔ:z]	2. yours [jɔ:z]
3. his [hiz]	3. theirs [ðɛəz]
hers [hə:z]	
its [its]	

Напр. This is your room, and that one is hers. – Това е вашата стая, а онази е нейната.

Give me your pen, I cannot find mine. – Дайте ми Вашата писалка, не мога да намеря моята.

Показателни местоимения – *Demonstrative Pronouns*

Най-често употребяваните показателни местоимения са:

единствено число	множествено число
this [ðis] – този, тази, това	these [ði:z] – тези
that [ðæt] – оня, онази, онова	those [ðouz] – онези

Въпросителни местоимения – *Interrogative Pronouns*

why? [wai] – Защо?
who? [hu:] – Кой, коя, кое, кои (за лица)
whose? [hu:z] – чий, чия, чие, чии
whom? [hu:m] – кому, кого, на кого
what? [wɔt] – какво, що (за предмети); какъв, каква, какво, какви
which? [witʃ] – кой, коя, кое, кои (измежду няколко обекта)
what kind of? [wɔt kaind ɔf] – какъв, каква, какво
how? [hau] – как?
how many? [hau meni] – колко? (за броими съществителни)
how much? [hau mʌtʃ] – колко? (за неброими съществителни)
how long? [hau lɔŋ] – колко дълго; колко време; откога
how large? [hau `la:dʒ] – колко голям?
how wide? [hau `waid] – колко широк?
how far? [hau fa:] – колко далеч; докъде?
when? [wen] – кога?
where? [wɛə] – къде?

Относителни местоимения – *Relative Pronouns*

Употребяват се за въвеждане на подчинени изречения. Най-често не се отделят със запетая от главното изречение who, whose, whom, which, that, what, as. Напр.:

The man who works at this table is my friend. – Човекът, който работи на онази маса, е мой приятел.

I know that he is a good worker. – Знам, че той е добър работник.

Неопределителни местоимения – Indefinite Pronouns

Вече вероятно сте срещали думите some – малко, някои; срещали сте навярно и any – всеки, който и да е. Тези думи имат особености, които ще се постараем да обобщим.

Some и any се наричат неопределени (неопределителни), защото означават неопределено количество. Some се употребява в утвърдителни изречения:

There are some mistakes in your work. – Във вашата работа има **няколко (някои)** грешки.

My friend has some good books. – Моят приятел има **няколко (известно количество)** хубави книги.

Преди числителни some означава приблизително, **около**.

Some twenty men and women are present. – Присъстват **около** двадесет души.

Any се среща предимно във въпросителни и отрицателни изречения и в тях има същото значение, което има some в утвърдителните. На български език обикновено не се превежда.

Have you got any pencils? – Имате ли моливи?
We haven't any time. – Нямаме (никакво) време.

В утвърдителните изречения any означава всеки, всякакъв.

Any man can tell you this. – **Всеки** човек може да ви каже това.

Come at any time. – Ела по **всяко** време.

Със some и any могат да се образуват сложни думи, ако към тях се добавят познатите вече body – тяло; thing – вещ, нещо; where – къде; every – всеки:

something – нещо; nothing – нищо;
somebody, someone – някой, който и да е;
anybody, anyone – някой;
everybody, everyone – всички, всеки;
nobody, no one – никой;
somewhere – някъде;

anywhere – някъде (във въпрос. и отриц. изречения); където и да е, навсякъде (в утвърдителни изречения);
everywhere – навсякъде;
nowhere – никъде

Прилагателно име – The Adjective

Прилагателните имена в английския език не се изменят по род и число. Напр.:
hot (горещ, гореща, горещо, горещи)
nice (мил, мила, мило, мили)
При превод придобиват рода и числото на съществителното, което поясняват.
a happy child – щастливо дете
a happy woman – щастлива жена
a happy man – щастлив мъж
happy people – щастливи хора

Степенуване на прилагателните

В съвременния английски език има два начина за степенуване на прилагателните: Първият начин е с помощта на наставките -er [ə] – за сравнителна степен и -est [əst] – за превъзходна степен:
warm (топъл) – warmer (по-топъл)
(the) warmest – най-топъл (най-топлият)
Така се степенуват едносричните прилагателни и някои двусрични, които завършват на -y, -el, -le, -er, -ow.
cold (студен) – colder (по-студен) – coldest (най-студен)
easy (лесен) – easier (по-лесен) – easiest (най-лесен)
Вторият начин за степенуване е чрез добавяне на думите more [mɔ:] – повече и (the) most [moust] – най-много. По този начин се степенуват двусричните и многосричните прилагателни:
definite – определен
more definite – по-определен
(the) most definite – най-определен

Освен това има прилагателни, които образуват степенуване от други корени. Напр.:

good (до́бър) – better (по-добър) – (the) best (най-добър)
bad (лош) – worse (по-лош) – (the) worst (най-лош)
much, many (много) – more (повече) – (the) most (най-много)

Наречия – The Adverb

Наречието е дума, която пояснява глагол, прилагателно име или друго наречие.

Степенуват се като прилагателните. Напр.:
well (добре) – better (по-добре) – best (най-добре)
badly (лошо) – worse (по-лошо) – worst (най-лошо)
much (много) – more (повече) – most (най-много)

Предлози – Prepositions

Повечето английски предлози имат по няколко значения и рядко съответстват на значенията на даден български предлог. Ще изброим някои от тях:

on [ɔn] – върху
at [æt] – при, до
in [in] – в (във)
from [frɔm] [frəm] – от, по
to [tu:] [tu] [tə] – до, на
into [ˈintu] [ˈintə] – в, във, към (при движение)
over [ˈouvə] – над, върху, на
above [əˈbʌv] – предшестващ, гореспоменат
between [biˈtwi:n] – между, помежду
under [ˈʌndə] – под, отдолу
in front of [in frʌnt əf] – пред, отпред; гледа към, срещу
against [ˈəgeinst] – против, срещу
behind [biˈhaind] – зад, отзад, оттатък

out [aut] – вън, навън
away [ə`wei] – далеч (за разстояние, отсъствие), настрана (обръщане в друга посока)
up [ʌp] – нагоре, горе, по-горе
down [daun] – долу, надолу
along [ə`lɔŋ] – по продължение на, покрай
across [ə`krɔs] – напряко, напреки, през
about [ə`baut] – наоколо, навсякъде
through [θru:] – през, по, из
with [wið] – с (със)
without [wi`ðaut] – без

Съюзи – The Conjunction

Съюзите служат за връзка между отделни части на изречението, както и между подчинени и самостоятелни изречения. Ето някои от тях:
and [ænd] – и
but [bʌt] – но
or [ɔ:] – или
after [`a:ftə] – след
also [`ɔ:lsou] – също, така също
in case [in keis] – в случай че, за всеки случай, ако
either... or [`aiðə... ɔ:] – или... или
neither... nor [`naiðə (ам. ni:ðə)... nɔ:] – ни(то)... ни(то)
provided [prə`vaidid] – при условие, че
considering [kən`sidəriŋ] – като се има предвид, че
supposing [səp`ouziŋ] – ако; в случай, че
if [if] – ако

Глаголи – The Verbs

Глаголите са думи, означаващи действия или състояния. Глаголите в английския език се променят най-вече според граматичното време. Ще разгледаме няколко граматични времена.

Сегашно неопределено (просто) време –
Present Indefinite (Simple) Tense

Сегашно неопределено време се употребява за обозначаване на обичайно действие или състояние на предмета или на повтарящи се действия.

Образува се от инфинитива на глагола (думата, която е дадена в речника). Лично окончание има само 3 л. ед. ч.: -(е) s. Във всички други лица формата за сегашно време съвпада с инфинитива.

Например:

Аз вземам	I take
Ти вземаш	You take
Той взема	He takes
Тя взема	She takes
То взема	It takes
Ние вземаме	We take
Вие вземате	You take
Те вземат	They take

Сегашно неопределено време на глаголът "съм"	Present (Indefinite) Tense of the verb "to be"
glagòlət "səm"	ðə və:b "tə bi:"
аз съм	I am
as səm	ai æm
ти си; Вие сте	You are
ti si, Vie ste	ju: a:
той е	He is
toi e	hi iz
тя е	She is
tià e	ʃi: iz
то е	It is
to e	it iz

Ние сме	We are
nìe sme	wi: a:
Вие сте	You are
vìe ste	ju: a:
Те са	They are
te sa	ðei a:

Други глаголи в сегашно време –
Other verbs in the Present Tense

започвам	begin
zapòchvam	bɪˈgɪn
нося, донасям	bring
nòsya, donàsyam	brɪŋ
купувам	buy
kupùvam	baɪ
мога	can
mòga	kæn
идвам	come
ìdvam	kʌm
струва	cost
strùva	kɔst
режа, сека	cut
rèzha, sekà	kʌt
правя, върша	do
pràvia, vòrsha	du:
ям	eat
yàm	i:t
чувствам	feel
chùvstvam	fi:l
намирам	find
namìram	faɪnd
вземам, печеля, постигам	get
vzèmam, pechèlia, postìgam	get

давам	give
dàvam	gɪv
отивам	go
otìvam	gou
имам	have
ìmam	hæv
чувам	hear
chùvam	hɪə
пазя	keep
pàzia	ki:p
зная	know
znàya	nou
уча, научавам	learn
ùcha, nauchàvam	lə:n
позволявам, давам под наем	let
pozvoliàvam, dàvam pod naem	let
мога; модален глагол	may
mòga	meɪ
срещам	meet
srèshtan	mi:t
плащам	pay
plàshtam	peɪ
слагам	put
slàgam	put
чета	read
chetà	ri:d
виждам	see
vìzhdam	si:
продавам	sell
prodàvam	sel
показвам	show
pokàzvam	ʃou

спя	sleep
spià	*sli:p*
говоря	speak
govòria	*spi:k*
стоя	stand
stoyà	*stænd*
вземам	take
vzèmam	*teik*
уча, обучавам	teach
ùcha, obuchàvam	*ti:tʃ*
казвам	tell
kàzvam	*tel*
мисля	think
mìslia	*θıŋk*
разбирам	understand
razbìram	*ˌʌndəˈstænd*
чакам	wait
chàkam	*weit*
искам	want
ìskam	*wɔnt*
печеля, побеждавам	win
pechèlia, pobezhdàvam	*wın*
пиша	write
pìsha	*rait*

Минало неопределено (просто) време – The Past Indefinite (Simple) Tense

Минало неопределено време се образува като към инфинитива се добави -ed или -d. Ако последната буква е -у, окончанието става -ied. Много глаголи образуват минало неопределено време не по тези правила. Наричат се "неправилни глаголи".

Минало непределено време на глагола "съм" –
The Verb "to be" in the Past Indefinite Tense

Аз бях	**I was**
Az biah	ai wɔz
Ти беше	**You were**
Ti bèshe	ju: wə:
Той беше	**He was**
Tòi bèshe	hi: wɔz
Тя беше	**She was**
Tià bèshe	ʃi: wɔz
То беше	**It was**
To bèshe	it wɔz
Ние бяхме	**We were**
Nìe biàhme	wi: wə:
Вие бяхте	**You were**
Vìe biàhte	ju: wə:
Те бяха	**They were**
Te biàha	ðei wə:

Минало неопределено време на други глаголи –
The Past Indefinite Tense of Other Verbs

Формата на глаголите не се променя по род и число.

започнах	began
zapòchnah	bı'gæn
донесох	brought
donèsoh	brɔ:t
купих	bought
kùpih	bɔ:t
можах	could
mozhàh	kud
струваше	costed
strùvashe	kɔstıd

отрязах	cut	
otriàzah	kʌt	
направих	did	
navràvih	dɪd	
ядох	ate	
yàdoh	eɪt	
чувствах	felt	
chùvstvah	felt	
намерих	found	
namèrih	faund	
получих	got	
polùchih	gɔt	
дадох	gave	
dàdoh	geɪv	
отидох	went	
otìdoh	went	
имах	had	
nìamah	hæd	
чух	heard	
chuh	hɜːd	
пазих	kept	
pàzih	kept	
знаех	knew	
znàeh	njuː	
научих	learned	
naùchih	lɜːnd	
позволих	let	
pozvolìh	let	
можах	might	
mozhàh	maɪt	
срещнах	met	
srèshtnah	met	

23

платих	paid
platìh	peɪd
сложих	put
slòzhih	put
четях	read
chetiàh	red
видях	saw
vidiàh	sɔ:
продадох	sold
prodàdoh	sould
показах	showed
pokàzah	ʃoud
спах	slept
spah	slept
говорих	spoke
govòrih	spouk
стоях	stood
stoyàh	stud
взех	took
vzeh	tuk
учих, обучавах	taught
ùchih, obuchàvah	tɔ:t
казах	told
kàzah	tould
мислих	thought
mìslih	θɔ:t
разбрах	understood
razbràh	ˌʌndə`stud
исках	wanted
ìskah	wɔntəd
спечелих, победих	won
spechèlih, pobedìh	wʌn

24

писах wrote
pisah rout

Бъдеще неопределено (просто) време –
The Future Indefinite (Simple) Tense

Глаголите в това време означават действие, което трябва да се случи в бъдещето.

Образува се с помощта на спомагателния глагол shall (за първо лице) и will (за второ и трето лице).

Например:

Аз ще чета	I shall read
Ти ще четеш	You will read
Той (тя, то) ще чете	He (she, it) will read
Ние ще четем	We shall read
Вие ще четете	You will read
Те ще четат	They will read

В разговорната реч често **shall** се заменя с **will** и по този начин всички лица и числа звучат еднакво.

Съкращения

Съкращенията са много разпространени в съвременния английски език. Пълните форми се използват най-често, за да се постави смислово ударение върху извършването на действието или поставения въпрос. По-долу изброяваме съкратени разговорни варианти и техните пълни форми.

Аз бих; Аз имах I'd = I would, I had
As bih; As imah *(likewise for 'you', 'he', 'she',*
  'we', 'they')
  [aid] = ai wi:d, ai hæd

Имам I've = I have *('you', 'he',*
Imam *'she', 'we', 'they')*
  [aiv] = ai hæv

Аз ще [ти, той, тя, то, I'll = I will *('you', 'he', 'she',*
ние, вие, те] *'it', 'we', 'they')*

As shte [ti, tòi, tià, to, nìe, vìe, te]	[ail] = ai wil
Аз съм *As sъm*	I'm = I am [aim] = ai æm
Ти си, Вие сте *Ti si, Vìe ste*	you're – you are juə = ju: a:
Той е; той има *Tòi e; Tòi ìma*	he's = he is; he has hi:z = hi: iz
Тя е; тя има *Tià e; Tià ìma*	she's = she is; she has ʃi:z = ʃi: iz
Ние сме *Nìe sme*	we're = we are wiə = wi: a:
Те са; има (за повече от един предмет) *Te sa; ìma*	they're = they are ðɛiə: = ðɛi a:
Има; намира се (за един предмет) *Ìma; namìra se*	there's = there is ðɛəs = ðɛə iz
Има; намира се (за един предмет) *Ìma; namìra se*	here's = here is hiəs = hiə iz
Какво е (това)? *Kakvò e (tovà)?*	what's = what is wɔts = wɔt iz
Къде е? Къде има? *Kъdè e? Kъdè ìma?*	where's = where is wɛəs = wɛə iz
Кога е? *Kogà e?*	when's = when is wens = wen iz
Как е? *Kak e?*	how's = how is haus = hau iz
(ти, той, тя, то, ние, вие, те) няма да... *(ti, tòi, tià, to, nìe, vìe, te) niàma da...*	won't = will not wount = wil not

(Аз) няма да...	shan't = shall not
(Az) niàma da...	ʃa:nt = ʃæl not
Не бих (всички лица и числа)	wouldn't = would not
Ne bih	(likewise for 'should', 'could', 'ought', 'can')
	wudnt = wu:d not
Нямам нужда (всички лица и числа).	needn't = need not
Niàmam nùzhda	ni: dnt = ni:d not

Въпросителни изречения

Въпросителните изречения могат да формират общи и специални въпроси. **Общите въпроси** изискват отговор „да" или „не". Те започват с глагол. Специалните въпроси имат за цел да изяснят някакъв факт или обстоятелство. Те се отнасят само до един член на изречението.

В общите изречения глаголът винаги е във въпросителна форма. Тя се образува:

1) чрез промяна на мястото на глагола пред съществителното, ако глаголът е модален или спомагателен. Напр.:

I am (Аз съм.) – Am I? (Съм ли аз?)

He has. (Той има.) – Has he? (Има ли той?)

We can. (Ние можем.) – Can we? (Можем ли?)

I may. (Аз мога.) – May I? (Може ли (аз) да...?)

They must. (Те трябва.) – Must they? (Те трябва ли да...?)

2) с помощта на глагола **to do** [du:], който се поставя пред подлога за всички останали глаголи. Напр.:

I study (Аз уча) – Do I study? (Уча ли аз?)

He studies (Той учи.) – Does [dʌz] he study (Учи ли той?)

She studies. (Тя учи.) – Does she study? (Учи ли тя?)

We study (Ние учим.) – Do we study? (Учим ли ние?)

You study. (Вие учите.) – Do you study? (Учите ли вие?)

They study. (Те учат.) – Do they study? (Учат ли те?)

Забележете, че във въпросителната форма окончанието за 3 л. ед. ч. -e (s) се слага не на основния глагол, а на спомагателния: **he makes** – **does he make**?

И така, за да се образува въпросителната форма на глагола, трябва пред подлога да се постави do [du:] или does [dʌz]. Това се отнася до сегашното неопределено време.

Специалните въпроси имат за цел да изяснят някакъв факт или обстоятелство. Те се отнасят не към цялото изречение, а към една от неговите части. Започват с въпросителна дума:

Who knows this? – **Кой** знае това?

Whose friend lives in this house? – **Чий** приятел (приятелят на кого) живее в тази къща?

What do you know? – **Какво** знаеш (знаете)?

What kind of bridge do you see? – **Какъв** мост виждаш?

Where is he? – **Къде** е той?

В специалните въпроси глаголът стои във въпросителна форма само ако въпросителната дума не е подлог или определение на подлога. В първото изречение (по-горе) въпросителната дума е подлог; във второто – определение на подлога. Затова в тези изречения глаголът е в утвърдителна форма. В останалите изречения въпросителните думи са второстепенни членове на изречението. Затова в тях глаголът е във въпросителна форма?

Въпросът може да бъде формулиран и по опростен начин (вж. глава "Кратки въпроси"). Напр. вместо "**Are you ready**?", можете да попитате само "**Ready**?", като направите това с възходяща интонация. Прослушайте записа, който съпровожда разговорника, за да чуете как се прави това в оригинал, т.е. произнесено от американец.

ПРАВИЛА ЗА ЧЕТЕНЕ В АНГЛИЙСКИЯ ЕЗИК

Правила за четене на гласни и съчетания от гласни

Буква или съчетание	Положение в думата	Звук	Пример	Най-често разпространените изключения

A

a	в ударена отворена сричка	[eı]	late, name, take, pale	have [hæv], [həv] water [ˋwɔtə]; father [ˋfaðə]; any [ˋɛmı]; many [ˋmɛnı]
ai	в ударена сричка	[eı]	main, paint, train, fail, mail	again [əˋgɛn], against [əˋgɛnst], said [sɛd]
ay	в ударена сричка	[eı]	day, say, stay	

Буква или съчетание	Положение в думата	Звук	Пример	Най-често разпространените изключения
a	в ударена затворена сричка	[æ]	man, bad, ask, last, class, absent, path, master	taste [teɪst], want [want], what [what], wash [waʃ], was [waz] [wəz]
a	в ударена сричка пред l+съгласна	[ɔ]	all, chalk, talk, salt	half [hæf], shall [ʃæl], [ʃəl]
a	в ударена сричка пред r	[ar]	car, far, star, start	war [wɔr], warm [wɔrm], quarter [`lwɔtə]
aw, au	в ударена сричка (в някои думи)	[ɔ]	draw, law, saw	
		[ɔ]	Paul, pause, daughter	laugh [læf]
E				
e	в ударена отворена сричка	[i]	be, he, she, these	
ea	в ударена сричка	[i]	sea, speak, please, teach, leave	break [breɪk], great [greɪt], breakfast [`brɛkfəst], health [hɛlθ], heavy [`hɛvɪ], pleasant [`plɛzənt], weather [`wɛðə]
ee	в ударена сричка	[i]	see, meet, green	been [bɪn]

Буква или съчетание	Положение в думата	Звук	Пример	Най-често разпространените изключения
ei	в ударена сричка	[i]	`either, re`ceice, seize	their [ðɛr]
e	в ударена затворена сричка	[ɛ]	end, dress, help, best, twelve, bell	pretty [`prɪtɪ]
ea	в много думи пред d	[ɛ]	bread, head, ready	lead [lid], read [rid]
e	в ударена сричка пред r	[ɜʳ]	her, verb, term, perfect	
ea	в ударена сричка пред r+съгласна	[ɜʳ]	early, learn, heard, earth	
ea	в ударена сричка пред l	[i], [ɪə]	real, deal, heal	health [hɛlθ]
e	пред re	[ɪr]	here, sphere, sin`cere	
ea	пред r	[ɪr]	clear, dear, ear, hear	
ee	пред r	[ɪr]	cheer, deer	
ei	в съчетание с gh и пред gn и n	[eɪ]	eight, weigh, reigh, rein, vein	height [haɪt]
ew	в ударена сричка	[ju]	few, dew	grew [gru]

Буква или съчетание	Положение в думата	Звук	Пример	Най-често разпространените изключения
I				
i	в ударена отворена сричка	[aɪ]	drive, life, ar`rive	give [gɪv], live [lɪv]
i	в ударена сричка пред крайни gh, ld, nd	[aɪ]	high, night, child, wild, find, mind	wind [wɪnd]
i	в ударена затворена сричка	[ɪ]	big, sing, ill, will, milk, fish, since	island [`aɪlənd]
ie	в ударена сричка	[i]	chief, piece, be`lieve	friend [frɛnd]
ie	пред r	[ɪr]	pier, fierce	
i	в ударена сричка пред r	[ɜʳ]	bird, first, girl, sir	
O				
o	в ударена отворена сричка	[ou]	go, no, so, a`go, home, those, nose, smoke	go [du], to [tu] [tə], two [tu], who [hu], whose [huz], come [kʌm], some [sʌm]
oa	в ударена сричка	[ou]	boat, coal	broad [brɔd]
o	в ударена сричка пред l+съгласна	[ou]	cold, told, roll	
ow	в много едносрични думи	[ou]	low, know, show, snow, slow, own	

Буква или съчетание	Положение в думата	Звук	Пример	Най-често разпространените изключения
o	1. пред ng 2. пред ff 3. пред s+съгласна	[ɔ]	long, song, strong, off, office, officer, loss, lost	post [poust]
o	пред r и r+гласна в едносрични думи	[ɔr]	form, storm, more, store, `moral	
oi oy	в ударена сричка	[ɔi]	voice, point, soil, boy, toy, joy	
o	в ударена затворена сричка пред звуците [b, p, t, k, l, m, ʃ, tʃ, dʒ, ð]	[a]	stop, lot, wast, doll, clock, box, got	
oo	1. в едносрични думи пред k	[u]	book, look	
	2. в някои едносрични думи пред d и t		good, stood, foot, soot	blood [blʌd], food [fud], mood [mud], boot [but], shoot [ʃut]
ou	пред крайни ld	[u]	could, would, should	
oo	1. в ударена сричка (в края на думата)	[u]	too, woo	
	2. пред сонори (в		room, school, soon, moon	

Буква или съчетание	Положение в думата	Звук	Пример	Най-често разпространените изключения
ou	в ударена сричка (в повечето думи)	[au]	louse, out, sound, south, a`bout	country [`kʌntri] double [`dʌbl], enough [ə`nʌf], touch [tʌtʃ], young [jʌŋ]
ow	в ударена сричка (в много думи)	[au]	down, brown, now, town, cow, allow	
o	в ударена сричка пред n, m, th (в някои думи)	[ʌ]	son, some, one, Monday, mother, brother	
U				
u	в ударена отворена сричка	[ju] [u]	`pupil, mule, student	
ue	в ударена сричка (най-често след l, r)	[u]	blue, true, Tuesday	
u	в ударена затворена сричка	[ʌ]	much, cup, plus	bull [bul]
u	в ударена сричка пред r	[ɜʳ]	lurn, hurt, Thursday	
Y				
y	в ударена отворена сричка	[ai]	by, cry, fly, supply	
y	в ударена затворена сричка и в неударена сричка в	[ɪ]	gym, gypsy, happy, lucky	

Правила за четене на някои съгласни букви и съчетания

Буква или съчетание	Положение в думата	Звук	Пример	Най-често разпространените изключения
bt	в края на едносрични думи	[t]	doubt [daut], debt [dɛt]	
c	1. пред гласните e, i, y	[s]	cent, center, cite, cylinder	
	2. пред останалите гласни и съгласни	[k]	call, cold, cut, clear	
ck	в края на едносрични думи след кратки гласни	[k]	black, sick, neck, rack	
ch	1. в начало на дума	[tʃ]	child, check, teach	
	2. в края на едносрични думи след дълга гласна		beach, speech	
ch	в думи, заимствани от гръцки език	[k]	school, character [ˈkærəktə]	
g	1. пред гласните a, o, u	[g]	gave, go, good, gun	
	2. пред съгласни	[g]	glad, green, greet	
	3. пред гласните e, i, y	[dʒ]	gem, gin, gypsy	get [gɛt], give [gɪv], gift [gɪft], girl [gɜːl]

Буква или съчетание	Положение в думата	Звук	Пример	Най-често разпространените изключения
gh	в края на някои думи	[f]	enough [ə`nʌf], tough [tʌf]	
kn	в начало на дума	[n]	knife, know, knock	
ll	в края на еднорични думи след кратка гласна	[l]	tell, bell, till, bill	
mb	в края на едносрични думи	[m]	bomb [bam], comb [koum], dumb [dʌm], lamb [læm]	
ng	в края на думите	[ŋ]	thing, sing, morning, long	
nk	в края на думите	[ŋk]	thank, sink, rink	
ph	в начало и край на дума, заимствана от гръцки език	[f]	phrase, phone, photo, photograph [`foutəgræf]	
pn	в начало на дума, заимствана от гръцки език	[n]	pneumonia [nu`mounjə], pneumatic [`nu`mætık]	
ps	в начало на дума, заимствана от гръцки език	[s]	psychic [`saıkık], psalm [sam], pseudo [`sudou]	
pt	в края на думата	[t]	receipt [rı`sit]	

Буква или съчетание	Положение в думата	Звук	Пример	Най-често разпространените изключения
s	1. в начало на дума пред гласна и съгласна	[s]	see, say, so, small, speak	
	2. в средата на дума пред глуха съгласна		desk, test	
	3. в края на дума след глуха съгласна		hats, tests, chiefs, maps	
s	в край на дума след гласна и звучна съгласна, както и между две гласни	[z]	ties, daughters, sons, beds, watches, trousers, those	
sh	в начало и в край на думата	[ʃ]	she, shelf, fish, English, Finnish	
sion	в края на думата	[ʒn]	revision [rɪˈvɪʒn]	
ss	в края на думата	[s]	class, mass, pass	
ss	в средата на дума	[ʃ]	Russia [ˈrʌʃə], mission [ˈmɪʃn]	
st	в средата на някои думи	[s]	listen [ˈlɪsn], fasten [ˈfæsn]	
sure	в края на думата	[ʒə]	pressure [ˈprɛʃə]	
tch	в края на думи след кратки гласни	[tʃ]		

Буква или съчетание	Положение в думата	Звук	Пример	Най-често разпространените изключения
th	1. в начало на служебни думи	[ð]	this, that, those, then	
	2. между две гласни		bathe, soothe	
th	1. в начало на самостоятелни думи	[θ]	thick, thin, thank	
	2. в края на дума		path, bath, mouth [mauθ]	
ture	в края на думата	[tʃə]	nature, lecture, picture	
tz	в края на думата	[ts]	chintz, quartz [kwɔrts]	
wh	в началото на думата	[hw]	white, while, wheat, where, when, what	who [hu], whole [houl], whom [hum], whose [huz]
wr	в началото на думата	[r]	write, wrath [ræθ], wrong	

АПТЕКА – AT THE DRUGSTORE

Къде е най-близката аптека?
Kъdè e nài-blìskata aptèka?

Where is [can I find] the nearest drugstore [pharmacy, chemist - Br.]?
wɛə is [kæn aı faınd] ðə nıərəst `drʌgstɔ: [`fa:məsi, `kemist]?
уѐъ из дъ нѝъръст дрѐгсто [фа̀амъси, кѐмист]?

Искам нещо против главоболие [за гърлото, против кашлица].
Ìskam nèshto protìv glavobòlie [za gъ̀rloto, protìv kàshlitsa].

I need something for a headache [sore throat, cough].
ai ni:d `sʌmθıŋ fɔ: ə `he`deik [sɔ: θrout, kɔf].
ай нѝид съ̀мтин фо̀о ъ хѐдейк [со̀о тро̀ут, коф].

Искам аспирин [витамин С, мултивитамини, съвет]
Ìskam aspirìn [vitamìn tsè, mùltivitamìni, sъvèt].

I need some aspirin [vitamin C, multi-vitamins, advice].
ai ni:d sʌm `æspirin [`vitəmin ci:, mʌlti`vitəmins, əd`vais].
ай нѝид съм ѐспирин [вѝтъмин сѝ, мѐлтивѝтъминс, ъдва̀йс]

С какво мога да Ви помогна?
S kakvò mòga da Vì pomògna?

What can I help you with?
wɔt kæn ai help ju: wið?
уòт кѐн ай хѐлп юу уѝд?

Не се чувствам много добре.
Ne se chùvstvam mnògo dobrè.

I'm not feeling too well.
`aim not `fi:liŋ tu: wel.
айм нòт фѝлин тỳу уѐл.

Простудих се [кашлям].
Prostudìsh se [kàshlyam].

I have a cold [a cough].
ai hæv ə kould [ə kɔf].
ай хѐв ъ кòулд [ъ коф].

Имате ли нещо против ухапване от насекоми?
Ìmate li nèshto protìv uhàpvane ot nasekòmi?

Have you anything for insect bites?
hæv ju: `eniθiŋ fɔ: `insekt baits?
хѐв юу ѐнитин фòо ѝнсект байтс?

Дайте ми нещо против стомашно разстройство.
Dàite mi nèshto protìv stomàshno rastròistvo.

What can you give me for <u>diarrhoea</u> [upset stomach]?
wɔt kæn ju: gɪv mi: fo: ˌdaɪə`rɪə [ʌp`set `stʌmək]?
уòт кèн юу гѝв ми фоо дайъриъ [ъпсèт стъ̀мък]?

По колко трябва да взема?
Po kòlko tryàbva da vzèmam?

How many should I take?
hau `menɪ ʃud aɪ teɪk?
хàу мèни шỳд ай тèйк?

През колко часа трябва да пия това лекарство?
Prez kòlko chàsa tryàbva da pìya tovà lekàrstvo?

How often <u>do I need to</u> [should I] take them?
hau `ɔftən du: aɪ ni:d tu [ʃud aɪ] teɪk ðəm?
хàу òфън дỳу ай нѝид ту [шỳд ай] тèйк дем?

Бях бос и настъпих <u>счупено стъкло</u> [гвоздей]. Къде мога да си направя ваксина против тетанус?
Byàh bos i nastъ̀pih schùpeno stъklò [gvòzdei]. Kъdè mòga da si nаpràvia vaksìna protìv tètanus?

I was barefoot, and I stepped on <u>some broken glass</u> [a nail]. Where can I get a tetanus shot?
aɪ wəz `bɛəfut, ænd aɪ stept on sʌm `broukən gla:s [ə neɪl]. w`ɛə kæn aɪ get ə `tetənəs ʃɔt?
àй уъз бèъфут, ънд ай стèпт он съм брòукън глàас [ъ нèйл] уèъ кен ай гèт ъ тèтънъс шот?

Току-що ме ухапа <u>куче</u> [оса]. Имате ли нещо против ухапване? Трябва ли да отида на лекар?
Tokù shto me uhàpa kùche [osà]. Ìmate li nèshto protìv uhàpvane? Triàbva li da

I've just been bitten by a <u>dog</u> [wasp]. What do you have? <u>Should I</u> [Do I need to] see a doctor?
aɪv dʒʌst bɪ:n bɪtn baɪ ə dɔg [wɔsp]. wɔt du: ju: hæv? ʃud aɪ [du: aɪ ni:d tu] si: ə

40

otìda na lèkar?

dɔktə?
àiv dʒèst bìин битн bài ъ dòg (уòсп). Уòт dỳу ю хев? шỳd ай [dỳу ай нùид ту] сùи ъ dòктъ?

БАГАЖ – LUGGAGE

Къде е регистрацията на багажа?
Kъdè e registràtsiyata na bagàzha?

Where <u>can</u> [do] I check in my <u>luggage</u> [baggage, backpack]?
w`ɛə kæn [du:] aı tʃek ın maı `lʌgidʒ [`bægidʒ, `bækpæk]?
уеъ кèн [dỳу] ай чек ùн май лъгиджк [бèгиджк, бèкпек]?

Къде се получава багажът от Лондонския полет?

Kъdè se poluchàva bagàzhъt ot Lòndonskiya pòlet?

Where <u>is</u> [do [can] I find] the luggage from the London flight?
w`ɛə is [du: kæn ai faind] ðə `lʌgidʒ frəm ðə `lʌndən flait?
уеъ из [dỳу кèн ай фàйнд] дъ лъгидж фръм дъ лъндън флàйт?

Нашият багаж не е пристигнал. Все още го чакаме.
Nàshiyat bagàzh ne e pristìgnal. Vse òshte go chàkame.

Our luggage hasn't arrived yet. We're still waiting for it.
`auə `lʌgidʒ hæznt ər`aivd jet.
àуъ лъгидж хèзнт ърàйвд йèт.

Куфарът ми е повреден при транспортирането. Къде мога да предявя иск за щета?
Kùfarъt mi e povrèden pri transportìraneto. Kъdè mòga da predyaviyà isk

My suitcase was damaged in transit. Where <u>can</u> [do] I make a damage claim?
mai `sju:tkeis wɔz `dæmidʒd in trænsit. w`ɛə kæn [du:] ai meik ə `dæmidʒ kleim?
май сюткèйс уоз дèмидж

41

za shtetà?

Къде мога да оставя багажа за един ден? Има ли монетни сейфове за съхранение на багаж?
Kъdè mòga da ostàvya bagàzha za edìn den. Ìma li monètni sèifove za sъhranènie na bagàzh?

Има ли тук носач?
Ìma li tuk nosàch?

Тези чанти са много тежки. Май ще трябва да се науча да пътувам с по-малко товар.
Tèzi chànti sa mnògo tèzhki. Mài shte tryàbva da se naùcha da pъtùvam s pò-màlko tovàr.

Багажът ми тежи. Ще ми помогнете ли?
Bagàzhъt mi tezhì. Shte mi pomògnete li?

ин трѐнсит. уеъ кѐн [дỳу] ай мѐйк ъ дѐмидж клѐйм?

Where can I put my baggage for the day? Are there coin-operated lockers?
w`ɛə kæn ai put mai `bædidʒ fo: ðə dei? a: ðɛə kɔin `ɔpreitid `lɔkəz?
ỳз дѐъ ъ пòтъ май бѐгидж фòо дъ дѐй? àа дѐъ кòйн опрѐйтид лòкъз?

Is there a porter [an attendant] on duty?
iz ðɛə ə `pɔ:tə [ən ə`tendənt] on `dju:ti?
ỳз дѐъ ъ пòтъ [ън атѐндънт] он дю̀ти?

These bags are too heavy. I should learn to travel more lightly.
ði:z bægs a: tu: `hevi. ai ʃu:d lə:n tə trævəl mɔ: laitli.
ò̀uз бѐгс àа тỳу хѐви. àй шууд лъ̀н тъ трѐвъл мòо лàйтли.

My bags are very heavy. Could [Can] you please help me.
mai bægs a: veri `hevi. `kud [kæn] ju: pli:z help mi.
мàй бѐгс àа вѐри хѐви. кỳд [кѐн] юу плùиз хѐлп мии

Занесете чантата ми до таксито. *Zanesète chàntata mi do taksìto.*	Take my bags to the taxi. [I'd appreciate it if you could please take these bags to the taxi.] teik mai bægs tə ðə tæksi [aid ə`pri:ʃieit if ju: `kud pli:z teik ði:z bægs tə ðə tæksi.] *тѐйк май бѐгс ту дъ тѐкси.* *[àйд ъпрѐшиѐйт иф юу кỳуд плùиз тѐйк дис бѐгс тъ дъ тѐкси.]*
Изпратих багажа предварително. *Isprátih bagàzha predvarìtelno.*	I sent my luggage on in advance. ai sent mai `lʌgidʒ on in əd`va:ns. *àй сѐнт май лъгидж òн ин ъдвàанс*

БЕНЗИНОСТАНЦИЯ – AT THE FILLING STATION

Колко (литра бензин) искате? *Kòlko (lìtra benzìn) ìskate?*	How much? hau mʌtʃ *хàу мъч?*
Напълнете резервоара догоре, моля Ви. *Napʌlnète rezervoàra dogòre, mòliya Vï.*	Fill it up, please. fil it ʌp pli:z. *фùл ит ъп, плùиз*
Имате ли <u>масло</u> [вода, антифриз, спирачна течност]? *Ìmate li maslò [vodà, antifrìz, spiràchna tèchnost]?*	Do you have <u>oil</u> [water, antifreeze, brake fluid]? du: ju: hæv oil [`wɔtə, ˌænti`fri:z, breik `flu:id]? *дỳу юу хев òйл [уòтъ, ѐнтифрùиз, брѐйк флỳуид]?*

43

Гумите трябва да се напомпят. *Gùmite tryàbva da se napòmpyat.*	The tires need more air. ðə `taiəz ni:d mo: ɛə. *дъ тàйъз нùид мòо èъ.*
Имате ли чистачки? Сменете ми чистачките. *Ìmate li chtistàchki? Smenète mi chistàchkite.*	Do you have wiper blades? Could you please replace the wiper blades. du: ju: hæv waipə bleids? ku:d ju: pli:z `ripleis ðə waipə bleids? *дỳу юу хев уàйпъ блèйдс? кỳуд юу плùиз риплèйс дъ уàйпъ блèйдс?*
Моля, напълнете тази туба с <u>бензин</u> [дизелово гориво, масло]. *Mòlya, napълnète tàzi tùba s benzìn [dìzelovo gorìvo, maslò].*	Could you please fill this can with <u>gasoline</u> [diesel fuel, oil]? ku:d ju: pli:z fil ðis kæn wið `gæsəlin [di:zəl `fjuəl, ɔil]? *кỳуд юу плùиз фùл дис кèн уид гèсълин [дùизъл фюъл, òйл]?*
Имате ли <u>телефон</u> [тоалетна, клещи]? Може ли да го използвам? *Ìmate li telefòn [toalètna, klèshti]?*	Do you have a <u>telephone</u> [washroom, pliers] I can use? du: ju: hæv ə `telifoun Mòzhe li da go izpòlzvam? [wɔʃru:m, `plaiəz] ai kæn `ju:s? *дỳу юу хев ъ тèлифòун [уòшруум, плàйъз] ай кен ю̀ус?*
На какво разстояние оттук е следващата бензиностанция? *Na kakvò razstoyànie ottùk e slèdvashtata benzinostàntsiya?*	How far is {it to} the next gas station? hau fa: iz [it tə] ðə nekst gæs `steiʃən? *хàу фàа из [ит тъ] дъ нèкст гèс стèйшън?*

44

Къде има автомивка?
Kъdè ìma àvtomìvka?

Where can I find a car wash?
weə kæn ai faind ə ka: wɔʃ?
уеъ кèн ай фàйнд ъ кàа уòш?

БИБЛИОТЕКИ И МУЗЕИ – LIBRARY AND MUSEUMS

Библиотеката отворена ли е за широката публика? Има ли книги [вестници, списания] на английски?
Bibliotèkata otvòrena li e za shiròkata pùblika? Ìma li knìgi [vèstnitsi, spisàniya] na anglìiski?

Is the library open to the general public? Does the library have books [newspapers, journals] in English?
iz ðə laibrəri ˈoupən tə ðə ˈdʒenərəl ˈpʌblik? dʌz ðə laibrəri hæv bu:ks [ˈnjuspeipəz, ˈdʒɜ:nls] in ˈiŋgliʃ?
из дъ лàйбръри òупън тъ дъ джèнъръл пъ̀блик? дъ̀з дъ лàйбръри хèв бу̀укс [ню̀успèйпъъз, джъ̀ъ̀нълс] ин ѝнглиш?

Къде е американската [британската] библиотека? Може ли да използвам библиотеката?
Kъdè e amerikànskata [britànskata] bibliotèka? Mòzhe li da ispòlzvam bibliotèkata?

Where is the American [British] library? Can I use the library?
ˌweə iz ði əˈmerikən [ˈbritiʃ] laibrəri? kæn ai ju:z ðə laibrəri?
уеъ из ди ъмèрикън [брѝтиш] лàйбръри? кен ай ю̀из дъ лàйбръри?

Интересувам се от българска история [археология, съвременно изкуство]. Какви музеи ще ми препоръчате?
Interesùvam se ot bъlgarska istòriya [archeològija,

I am interested in Bulgarian history [archaeology, modern art]. What museums do you recommend?
ai əm ˈintristid in bʌlˈgeəriən ˈhistəri [ˌa:kiˈɔlədʒi, ˈmɔdə:n

sъvrèmenno iskùstvo].
Kakvì muzèi shte mi preporèchate?
a:t] wɔt mju:ˈziə:ms du: ju:
ˌ rekəˈmend?
àй ъм ѝнтристид ин бългèъриън хѝстъри [àакиòлъджи, мòдъън àат] уòт мюузѝъмс ду ю̀у рèкъмèнд?

Колко струва входът?
Kòlko strùva vhòdъt?
How much is admission?
hau mʌtʃ iz ədˈmiʃən?
хàу мъч из ъдмѝшън?

Има ли намаление за деца?
Ìma li namalènie za detsà?
Is there a reduced rate for children?
iz ðɛə ə riˈdju:st reit fə ˈtʃildrən?
ѝз дèъ ъ ридю̀ст рèйт фъ чѝлдрън?

БИЗНЕС – BUSINESS

Имам среща с г-н Браун. Надявам се, че той ме очаква.
Ìmam srèshta s gospodìn Bràun. Nadiyàvam se, che tòi me ochàkva.
I have an appointment with Mr. Brown. I believe he's expecting me.
ai hæv ən əˈpɔintmənt wið ˈmistə braun. ai biˈli:v his iksˈpektiŋ mi:.
àй хев ън апòйнтмънт уид мѝстъ бràун. àй билѝив хис икспèктин мѝи.

Бих искал да говоря с г-н Браун.
Bih ìskal da govòriya s gospodìn Bràun.
<u>I'd like to speak with Mr. Brown.</u> [Mr. Brown, please.]
aid laik tə spi:k wið ˈmistə braun [ˈmistə braun, pli:z]
àйд лàйк тъ спѝик уид мѝстъ бràун [мѝстъ бràун, плѝиз].

46

Може ли да оставя съобщение (телефонния си номер)? Това е визитната ми картичка (телефонният ми номер).
Mòzhe li da ostàviya ssobshtènie (telefònniya si nòmer)? Tonà e vizìtnata mi kàrtichka (telefònniyat mi nòmer).

Might I leave a <u>message</u> [my number]? Here's my <u>business card</u> [phone number].
mait ai li:v ə `mesidʒ [mai `nʌmbə] hiəz mai `biznis ka:d [foun `nʌmbə].
мàйт ай лùив ъ мèсидж [май нèмбъ] хùъз май бùзнис кàад [фòун нèмбъ].

Кажете му, че съм (ще бъда) свободен (в офиса си) утре сутринта.
Kazhète mu, che sɤm (shte bɤda) svobòden (v òfisa si) ùtre sutrìnta.

{Tell him} I'm [I'll be] free [in, in my office] tomorrow morning.
{tel him} aim [ail bi:] fri: [in, in mai `ɔfis] tə `mɔrou `mɔ:niŋ.
{тèл хим} àйм [айл бùи] фрùи [ùн, ин май òфис] тъмòроу мòонин.

Имате ли факс (електронна поща, web-страница)?
Ìmate li faks (elektrònna poshta, veb-strànitsa)?

Do you have <u>a fax</u> [e-mail, a website]?
du: ju: hæv ə fæks [i mail, ə wɛbsait]?
дùу юу хев ъ фèкс [ù мейл, уèбсайт]?

Може ли да изпратя факс оттук?
Mòzhe li da ispràtia faks ottùk?

Can I send a fax from here?
kæn ai send ə fæks frəm hiə?
кèн ай сèнд ъ фèкс фръм хùъ?

Къде мога да направя няколко ксерокопия?

Kɤdè mòga da nаprаviya niàkolko kserokòpiya?

Where can I get some <u>photocopying done</u> [copies made]?
wɛə kæn ai get sʌm `foutəkɔ:piŋ dʌn [`kɔpiz meid]?
уèъ кèн ай гèт съм фòутъкòопин дòн [кòпиз мèйд]?

47

Искам да изпратя това (на
г-н Браун) по куриер
(с препоръчано писмо).
*Ìskam da izpràtia tovà (na
gospodìn Bràun) po kurièr
(s preporæchano pismò).*

I'd like to send this {to Mr.
Brown} by courier [registered
mail].
aid laik tə sent ðiz {tə `mistə
braun} bai `kuriə [`redʒistə:d
meil].
*àйд лàйк тъ сèнд дис {тъ
мѝстъ бра̀ун} бàй кỳриъ
[рèджистъ̀д мèйл].*

Ще ви изпратя повече
подробности (брошури,
образец).
*Shte vi izpràtia pòveche
podròbnosti (broshùri,
obrazèts).*

I'll send you further details
[some brochures, a sample].
ail send ju: `fə:ðə `di:teils
[sʌm `broʃuəz, ə `sæ:mpl].
*àйл сèнд юу фъ̀ъдъ
дѝитèйлс [съм брòшуъз,
ъ сèмпл].*

Имате ли каталог?
Ìmate li katalòg?

Have you got [Do you have] a
catalogue?
hæv ju: got [du: ju: hæv] ə
`kætələg?
*хèв юу гòт [дỳу юу хèв] ъ
кèтълòг?*

Ще бъда на търговския
панаир [на изложбата, на
конференцията].
Ще се видим там.
*Shte bæda na tærgòvskiya
panaìr [na izlòzhbata, na konfe-
rèntsiyata]. Shte se vìdim tam.*

I'll be in the trade fair
[manning the exhibit,
attending the conference].
{I'll} See you there.
ail bi: in ðə treid fεə [`mæniŋ
ði ig`zibit, ə`tendiŋ ðə
`konfərəns] {ail} si: ju: ðεə.
*àйл бùи ин дъ трèйд фèъ
[мèнин ди ùгзибùшън]
{àйл} сùи юу дèъ.*

48

БРЕГЪТ НА МОРЕТО – AT THE BEACH

Безопасно ли е (разрешено ли е) да се плува тук?
Bezopàsno li e (razreshèno li e) da se plùva tuk?

Is it safe [allowed] to swim here?
iz it seif [ə`laud] tə swim hiə?
ùз ит сèйф [ълàуд] тъ суùм хùъ?

Кога е приливът [отливът]?
Kogà e prilìvət [òtlivət]?

When is high [low] tide?
wen iz hai [lou] taid?
уèн из хàй (лòу) тàйд?

Дълбоко ли е тук?
Dəlbòko li e tuk?

Is the water deep?
iz ðə `wɔ:tə di:p?
ùз дъ уòтъ дùип?

Има ли силно подводно течение?
Ìma li sìlno podvòdno techènie?

Is there a strong undertow?
iz ðeə ə strɔŋ `ʌndətou?
ùз дèъ ъ стрòн ъндътòу?

Това обществен [частен] плаж ли е?
Tovà obshtèstven [chàsten] plazh li e?

Is this [it] a public [private] beach?
iz ðis [it] ə `pʌblik [`praivit] bi:tʃ?
ùз дùс (ùт) ъ пъ̀блик [прàйвит] бùич?

Къде можем да се преоблечем?

Kədè mòzhem da se preoblechèm?

Where can we change {our clothes, into our bathing suits}?
wɛə kæn wi: tʃeindʒ {auə kloθs, `intə auə `ba:θiŋ sju:ts}?
уèъ кèн уи чèйндж {àуъ клòтс, интъ àуъ бàтин сю̀утс}?

Къде мога да взема под наем шезлонг [лодка, чадър]?

Where can I rent a deck chair [paddle boat, sun umbrella]?

49

Колко струва? *Къдè mòga da vzèma pod nàem shezlòng [lòdka, chadъ̀r]?* *Kòlko strùva?*	How much does it rent for? weə kæn ai rent ə dek tʃeə [ˈpædl bout, sʌn ʌmˈbrelə]? hau mʌtʃ dʌz it rent fo:? *уеъ̀ кѐн ай рѐнт ъ дѐкчеъ̀ [пѐдл бòут, сън ъмбрѐлъ]?* *хàу мъч дъз ит рѐнт фòо?*
<u>Риболовъ̀т</u> [плуването, сърфингъ̀т, каранèто на моторна лодка)] разрешèн ли е? *Ribolòvъt (plùvaneto, sъ̀rfingъt, karanèto na motòrna lòdka) razreshèn li e?*	Is <u>fishing</u> [swimming, windsurfing, power boating] allowed? is fiʃiŋ [ˈswimiŋ, ˈwindsə:fiŋ, ˈpauə boutiŋ] əˈlaud? *из фùшин [сỳймин, уùндсъ̀ъфин, пàуъбòутин] ъ̀лàуд?*
Там има ли басейн за деца? *Tam ìma li basèin za detsà?*	Is there a children's pool? iz ðeə ə tʃildrən's pu:l? *из дèъ ъ чùлдрънс пỳул?*
Къде мога да си купя сладолед? *Kъdè mòga da si kùpia sladolèd?*	Where can I get an ice cream cone? weə kæn ai get ən ais kri:m ˈkoun? *уеъ̀ кèн ай гѐт ън àйскриим кòун?*
Имате ли лосион против изгаряне? *Ìmate li losiòn protiv izgàriane?*	Do you <u>have</u> [sell] suntan lotion? du: ju: hæv [sel] ˈsʌntæn ˈlouʃən? *дỳу юу хèв [сèл] съ̀нтен лỳошън?*
Има ли спасител? *Ìma li spasìtel?*	Is there a lifeguard? iz ðeə ə ˈlaif. ga:d? *из дèъ ъ лàйф гàад?*

БЪЛГАРСКАТА АЗБУКА – THE BULGARIAN ALPHABET

The Bulgarian Cyrillic alphabet today has 30 letters, streamlined from the 43 letters that Saints Cyril and Methodius originally gave it. Basing it on the Greek uncial script, the Cyrillic alphabet they created first spread in Bulgaria, and only later was adopted in Russia, a fact Bulgarians take considerable pride in.

It is worth spending some time learning the letters before you arrive. Signs and newspapers won't seem so foreign. You'll have more confidence. Since Bulgarian is pronounced much as it appears, you'll also be well on your way to speaking what you're reading. Listen to the audiocasette.

Letter	Sounds like
А, а	a in bar
Б, б	b in bed
В, в	v in voice
Г, г	g in good
Д, д	d in dog
Е, е	e in end
Ж, ж	s in measure ('zh' in the transcription)
З, з	z in zero
И, и	ee in need ('i' in the transcription)
Й, й	y in you ('i' or 'j' in the transcription)
К, к	k in kite
Л, л	l in gold
М, м	m in map
Н, н	n in now
О, о	o in ore
П, п	p in pen
Р, р	r in arrow (rolled)
С, с	s in miss

Т, т	t in take
У, у	oo in cool ('u' in the transcription)
Ф, ф	f in fat
Х, х	ch in loch ('h' in the transcription)
Ц, ц	ts in its
Ч, ч	ch in cheese ('ch' in the transcription)
Ш, ш	sh in shine ('sh' in the transcription)
Щ, щ	sht in fresh tea
Ъ, ъ	u in but ("ъ" in the transcription)
Ь, ь	not pronounced separately
Ю, ю	u in use ('iu' or 'ju' in the transcription)
Я, я	ya in yarn ('ia', 'ya' or 'ja' in the transcription)

БЪЛГАРСКА ГРАМАТИКА – BULGARIAN GRAMMAR

The Noun

The Bulgarian noun is inflected in number and gender. All nouns are one of three genders: masculine (masc.), feminine(fem.), neuter(neut.). This distinction is largely devoid of meaning. Rather it simply reflects is the fact that there are three syntactically different classes of nouns.

* Nouns ending in a consonant are of masculine gender:

məzh (a man) - masc., dəzhd (rain) - masc., chadèr (umbrella) - masc.

* Nouns ending in -а or -ja (я) are of feminine gender:

zhenà (woman) - fem., ròza (a rose) - fem., krasotà (beauty) - fem.,

but: *liubòv (love) - fem., bashtà (father) - masc.*

* Nouns ending in -o or -e are of neuter gender:

leglò (bed) - neut., detè (a child) neut., shkembè (belly) - neut., bèbe (a baby) - neut., but: *diàdo (a grandfather) - masc.*

* Nouns may be either singular or plural. Masculine monosyllabic noun stems use the plural suffix -ove, pollysyllabic stems use -i. Feminine stems use -i. Neuter stems use -a.

klas (class) - klasovè (pl); zhenà (a woman)- zhenì (pl); jajtsè (an egg) - jajtsà (pl);

There are numerous exceptions and alternative plural forms. Masculine impersonal nouns have a special count form which is used instead of the normal plural with cardinal numbers.

* In the singular, masculine nouns ending in a consonant or -a and feminine nouns in -a have a special appellative form normally used only in direct address: gospozhà (lady) - gospòzho !; bog (god) - bòzhe !;

uchìtel (a teacher)- uchìtelju !; Ivàn (a masc. name) - Ivàne !;

The Adjective

The Bulgarian adjective is inflected in number and gender. The masculine singular forms the stem of the adjective. It usually ends in a consonant. The endings of the other forms are added to the masculine: -a (for feminine), -o (for neuter), - i (for plural - one form for all genders)

For example: *nice, beautiful - húbav (masc.) - húbava (fem.) - húbavo (neut.) - húbavi (pl.)*

If the vowel of the last syllable of the singular masculine is -ъ or -e, it is sometimes dropped in the other forms:

small - màlък (masc.) - màlka (fem.) - màlko(neut.) - màlki (pl)

interesting - interèsen (masc.) - interèsna (fem.) - interèsno (neut.) - interèsni (pl)

* Comparison of adjectives. Qualitative adjectives show two degrees of comparison. Each is formed with a preposed, stressed particle.

1. Comparative degree: po + adjective

pò-hubav (nicer, more beautiful, more handsome)
2. superlative: nai + adjective
nàj-hubav (nicest, most beautiful)

Prounouns

Pronouns are divided into two groups, personal and non-personal.

*Personal pronouns generally are of two numbers (singular and plural) and three persons (first, second, third). In the third person singular, three genders are distinguished (masculine, feminine, neuter)

singular	plural
1. Az(I)	1. Nie (We)
2. Ti,Vie (Thee, You)	2. Vie (You)
3. Tòi(He)	3. Te (They)
Tià (She)	
To (It)	

All three persons have an accusative and a dative case (normally the direct object or object of preposition and the indirect object). In both, the stressed (full) forms are to be distinguished from the non-stressed (short) forms.

Stressed forms

number:	singular					plural		
person:	1	2	3			1	2	3
gender:			m	n	f			
nominative:	az	ti	tòj	to	tià	nie (nìj)	vìe (vìj)	te
dative:	mène	tèbe	nèmu	nèj		nam	vam	tiàm
accusative	mène (men)	tèbe (teb)	nègo	nèja		nas	vas	tiàh

Non-stressed forms

number:	singular			plural		
person:	1	2	3	1	2	3
gender:			m n f			
dative	mi	ti	mu i	ni	vi	im
accusative	me	te	go ja	ni	vi	gi

Personal possessive pronouns

	singular			plural	stem
	masc.	fem.	neut.		
1st.	moj	moja	moe	moi	moj-
2sg.	tvoj	tvoja	tvoe	tvoi	tvoj-
3sg. masc./neut.	negov	negova	negovo	negovi	negov-
3sg. fem.	nein	nejna	nejno	nejni	nejin-
1pl.	nash	nasha	nashe	nashi	nash-
2pl.	vash	vasha	vashe	vashi	vash-
3pl.	tehen	tjahna	tjahno	tehni	tèhen-

Reflexive personal pronouns

personal:

	stressed	unstressed
dative	–	si
accusative	sebe si	se

personal-possessive:

		svoj-
masc. sg.	svoj	
fem. sg.	svoja	
neut. sg.	svoe	
pl.	svoi	

Some non-personal pronouns

this
masc. sg. tozi/ toya
neut sg. tova/ tuj
fem. sg. tazi(taz)/ taja
pl. tezi(tez)/ tija
For example:
Haresvam tazi kniga. - I like this/ that book.

that
masc. sg. onzi/ onja
neut sg. onova/ onuj
fem. sg. onazi(onaz)/ onaja
pl. onezi (onez)/ onija
For example:
Haresvam ne tazi kniga, a onazi - I like not this book, but another one. (sic) In normal English we'd say: I like that book better than this one.

this sort of, such as
masc. sg. takъv
neut sg. takova
fem. sg. takava
pl. takiva
For example:
Toj e edin takъv chovek. - He is such a person ! (sic)

his, its
masc. sg. negov
neut sg. negovo
fem. sg. negova
pl. negovi

her, its
masc. sg. nein
neut sg. nejno
fem. sg. negova
pl. negovi

their
masc. sg. tehen
neut sg. tjahno
fem. sg. tjahna
pl. tehni

location/ direction: tuk(tuka) - here; hither
tam - there; thither
time: sega - now, at this moment
togava - then, at that time
manner: taka, tuj - in such a way, so
For example:
Elà tùka ! - Come here !
Takà e. - So it is (That's right).

so many, so much, to such an extend, so
tòlkova
For example:
Tjà e tòlkova hùbava. - She is so beautiful.

how many, how much, to what degree
kolko
Examples: *Kòlko pechèlish? - How much do you earn?*
Kòlko e hùbavo ! - How wonderful it is!

no one
fem. sg. pers. nikoja
masc sing. pers. nikoj
masc. sg. pers. acc. nokogo

nothing
impersonal sg. nishto
none
plural nikoi
For example:
Nikoj ne znae. - No one knows.
Nishto njama. - There's nothing. (sic.) In normal English we'd say: Nothing is there.

everyone
masc. sing. pers. vseki (accusative - vsekigo)
fem. sg. pers. vsjaka

everything
impersonal sg. vsichko
all pl. vsichki
every single one, each
masc. sg. vseki
fem. sg. vsjaka
neut. sg. vsjako
pl. vsichki

The definite article

Bulgarian only has the definite article, roughly corresponding to the English "the". In Bulgarian the definite article is an ending added to the noun. It is used when speaking of a definite, already mentioned or known to us person or thing. The definite article for masculine nouns in the singular has two forms: -a full form -ът, -jat (-ят - Bulg.) and a short form -a, -ja (я - Bulg.) The definite article for feminine nouns in the singular has only one form -ta. The definite article for neuter nouns in the singular has only one form -to.

For example: mъzhъt (the man), zhenàta (the woman), leglòto (the bed)

Proper nouns, such as names of persons, continents, countries or cities, in the main do not take the article.

The article is added to the first fully stressed nominal member of a noun phrase:

For example:

knìgata (the book)

hùbavata knìga (the nice book)

mòjata hùbava knìga (my nice book)

* The definite article for the plural of all masculine and feminine nouns, all adjectives and possesive pronouns ending in -i or -e is -te. Masculine nouns which in the plural end in -a or -ja (я - Bulg.) take the plural article -ta. Neuter nouns in the plural take the article -ta.

For example:

mъzhè - mъzhète, stolòve-stolòvete, màsi - màsite, nomerà - nomeràta, detsà - detsàta

Numerals

Cardinal numerals

9 units 1-9, where "1" is an adjective, inflected for gender (edìn - masculine, ednà - feminine, ednò - neuter), and "2" has two variants, one for masc. - dva, the other for fem./neut. - dve.

9 tens 10-90, consisting of "dèset" (ten) and 8 compounds composed of 2-9 + "dèset".

9 hundreds 100-900, consisting of "sto" (100), "dvèsta" (200), "trìsta"(300), and 7 compounds composed of 4-9 + "stòtin".

Thousands, millions, billions are phrases consisting of the appropriate units, tens, hundreds followed by "hiliàda" (1,000), "miliòn" (1,000,000), "miliàrd" (1,000,000,000).

The "teens" are compound forms composed of 1-9 + "nàdeset" ("nàiset").

All other cardinal numbers are complex: they are phrases consisting of combinations of the above forms in the appropriate decimal order.

Ordinal numerals. Every cardinal number has a corresponding ordinal form: in almost cases the ordinals are derived from the cardinals. Ordinal numbers are adjectives, inflected in number and gender. In complex numbers, only the last digit in the series is made ordinal. See "Numbers".

The Verb

The Bulgarian verb has a large number of forms: proper, compound and simple, as well as a number of hybrid forms.

Every Bulgarian verb is either perfect, indicating the action is completed, or imperfect, indicating perspective on the action.

For example:
Vchèra kùpih mnògo knìgi. - *I bought a lot of books yesterday (perf.)*
Vchèra tsiàl den kupùvah knìgi. - *I was out shopping for books the entire day yesterday (imperf.)*

take - vzèma (perf.), vzèmam (imperf.)
find - namèrja (perf.), namìram (imperf.)
open - otvòrja (perf.), otvàrjam (imperf.)
say - kazha (perf.), kazvam (imperf.)
give - dam (perf.), dàvam (imperf.)

PRESENT TENSE
The present tense is used to indicate:
1. action contemporaneous with the moment of speech:
Kakvò ìskate? - *What do you (pl.) want ?*
2. future action:
Utre zaminàvame. - *We (will) depart tomorrow.*
3. past action (historical present):
Spòmniam si: Vərvìm dəlgo i si mìslim. - *I remember we travelled a long time and kept quiet.*
4. general propositions, laws, proverbs and statements that are essentially timeless.
Dərvòto se previva dordè e mlàdo. - *The tree is bent when it is young.*
5. habitual, repeated actions:
Vsèki den hòdia na uchìlishte. - *I go to school every day.*

AORIST PAST TENSE
Simple aorist forms are commonly encountered in narratives of past events, presenting successive major verbal episodes making up the narration. They indicate a succession of action:

Kogato se sɤbudi, toi izmi litseto si sɤs studena voda. - When he got up, he washed his face with cold water.

The imperfect aorist is used when there is no definite, concrete final result or when the general occurrence or occasion of the action (not its end point) is at issue:

Dnes idvah da te tɤrsia. - I came to look for you today.

IMPERFECT PAST TENSE

The imperfect past tense indicates action contemporaneous with the narration of events.

Toj chetèshe. - He was reading.

PERFECT

The perfect is compounded of present tense forms of "be" with the aorist past participle. The Perfect indicates past action in some sense linked to, relevant to, or viewed from the vantage of the present.

"read":

singular	plural
1 masc. chel sɤm	cheli sme
2. fem. chela si	cheli ste
3 neut. chelo e	cheli sa

Example: Chel sɤm knigata. - I have already read that book.

FUTURE TENSE

Future tense is a compounded form of the auxiliary "shte" plus the present tense.

1. shte chetà	shte chetèm
2. shte chetèsh	shte chetète
3. shte chetè	shte chetàt

INFINITIVE

Modern Bulgarian has no special form for the infinitive. It

is expressed by the fully conjugated verb in the present tense with the conjunction "**da**" (да - Bulg.). "**Da**" here corresponds to the English "to"used with the infinitive.

Az obìcham da pèja pèsni. - I like to sing songs.

CLASSIFICATION OF CONJUGATION
I. Conjugation I: present vowel E

A. Aorist stem in O

'read'	PRES	AOR	'say'	PRES	AOR
sg. 1	chetà	chètoh		rekà	rèkoh
2	chetèsh	chète		rechèsh	rèche
3	chetè	chète		rechè	rèche
pl. 1	chetèm	chètohme		rechèm	rèkohte
2	chetète	chètohte		rechète	rèkohte
3	chetàt	chètoha		rekàt	rèkoha

B. Aorist stem in A, no consonant alternation in the present

'call'	PRES	AOR	'forge'	PRES	AOR
sg. 1	vìkna	vìknah		kovà	kovàh
2	vìknesh	vìkna		kovèsh	kovà
pl. 3	vìknat	vìknaha		kovàt	kovàha
'plow'			'take'		
st. 1	orà	oràh		berà	brah
2	orèsh	orà		berèsh	bra
pl. 3	oràt	oràha		beràt	bràha

C. Aorist stem in A with consonant alternation (either in the present or between the present and aorist)

'write'	PRES	AOR	'chew'	PRES	AOR
sg. 1	pìsha	pìsah		dъ̀vcha	dъ̀vkah
2	pìshesh	pìsa		dъ̀vchesh	dъ̀vka
pl. 3	pìshat	pìsaha		dъ̀vchat	dъ̀vkaha

'bathe'
st. 1	kъ̀pia	kъ̀pah
2	kъ̀pesh	kъ̀pa
pl. 3	kъ̀piat	kъ̀paha

D. Aorist stem in J (A), present stem in J

'charm'	PRES	AOR	'sow'	PRES	AOR
sg. 1	bàya	bàyah		sèya	sèyah-siàh
2	bàesh	bàya		sèesh	sèya-sià
pl. 3	bàyat	bàyaha		sèyat	sèyaha-syàha

E. Present stem in J, which is lost in the Aorist

'drink'	PRES	AOR	'hear'	PRES	AOR
sg. 1	pìya	pih		chúya	chuh
2	pìesh	pi		chúesh	chu
pl. 3	pìyat	pìha		chúyat	chúha

II. Conjugation II: present vowel I

A. Aorist stem in I

'go'	PRES	AOR		PRES	AOR
sg. 1	hòdia	hòdih	pl. 1	hòdim	hòdihme
2	hòdish	hòdi	2	hòdite	hòdihte
3	hòdi	hòdi	3	hòdiat	hòdiha

B. Aorist in A preceded by a palatalized consonant

'tolerate'	PRES	AOR
sg. 1	tъrpià	tъrpiàh
2	tъrpish	tъrpià
pl. 3	tъrpiàt	tъrpiàha

C. Aorist in A preceded by an alveopalatal consonant

'lay'	PRES	AOR	'stand'	PRES	AOR
sg. 1	lezhà	lezhàh		stoyà	stoyàh
2	lezhish	lezhà		stoish	stoyà
pl. 3	lezhàt	lezhàha		stoyàt	stoyàha

III. Conjugation III: present vowel A (aorist identical to the simple present)

A. A preceded by a non-palatalized consonant

'watch' PRES AOR
- sg. 1 glèdam glèdah
- 2 glèdash glèda
- pl. 3 glèdat glèdaha

B. A preceded by a palatalized consonant

'shoot' PRES AOR
- sg. 1 strèliam strèliah
- 2 strèliash strèlia
- pl. 3 strèliat strèliaha

The Impersonal "ima", "niàma"

The English "there is" and "there are" are expressed by the third person singular of the personal verb "imam" (have).

The English "there is not" and "there are not" are expressed by the third person singular of the personal verb "njamam"(don`t have)."Ima" and "njama" don`t change in number.

Examples: *Ima mnogo knigi na masata. - There are many books on the table.*

Tuk njama mnogo knigi. - There aren't many books here.
Njama hljab. - There isn't any bread.

Prepositions and Prepositional Phrases

Prepositional phrases consist of a preposition plus noun phrase or pronoun. Simple prepositions include:

bez - without
v (vъv)- in, to, at
do - next tò, as far as
za - for, about
zad- behind
iz - from, throughout

kraj - along
kъm - towards
na - of, to, on
nad - above
o - on, against
ot - from, by
po - through, after, about
pod - under
pred - before, in front of
prez - across, during
pri - near
s(sъs) - with
sled - after
sred - after
u - at, with
chrez - with the help of

Other prepositions include:
vmèsto - instead of
vsred - in the middle of...
vъpreki - despite
vъrhú - above, over
zaradi - because of
izvъn - over and above, beyond
izzàd - from behind
izmezhdú - from among
izpòd - from under
katò - as, like
mezhdú - among, between
nakràj - at the end of
namèsto - instead of
nasrèd - in the middle of
okolò - around, about
osvèn - besides, in addition to
otvъd - on the other side of

otkъm - from the direction of
otnòsno - with respect to
otsàm - from the near side of
ottàtък - from the other side of
podìr - after
pokràj - along the length of
pomezhdú - between
poradì - because of
posrèd - about the middle of
predì - before
protìv - against
svrъh - beyond, over the limits of
sporèd - according to
sprjàmo - vis-à-vis, towards
sreshtú - against, opposite

Coordinating Conjunctions

Simple sentences are joined together to form compound sentences. Under ordinary circumstances, repeated, identical and parallel elements are combined in compound noun phrases, modifiers and verbs. The most common conjunctions are:

i - and
ili - or
a - but, whereas, however: contrasting, mutually exclusive situations
no - but: contrast of coexisting situations
obàche - however
a...a... - no sooner ...than
bilò...bilò... - either...or...
i...i... - both...and...
ilì...ilì... - either...or...
ni...ni... - neither...nor...
tu...tu... - now...now...
hem...hem... - and yet/on top of that
jà...jà... - either...or...

The Simple Sentence

A simple declarative sentence normally consists of a subject and a predicate. The subject may either be a noun or a pronoun.

Nòvata knìga e v drùgata stàja. (The new book is in the other room.)

Tià e izliàzla. (She has gone out.)

The basic order of simple declarative sentences is:
SUBJECT - VERB - DIRECT OBJECT - ADVERB

Questions

* *Questions with the Interrogative Particle "li"*

General questions can be formed by placing the interrogative particle "li" after the word it refers to. If used with the auxiliary verb be (sъm), "li" is placed before the verb in a positive question and after the verb in a negative question.

As dobèr li sъm ?(Am I good ?) As ne sъ̀m li dobèr?(Am I not good ?)

Answers to general questions can be full or short. Positive answers generally begin with the affirmative particle "da"(yes), which can be omitted. "Da" may suffice by itself. The negative particle in Bulgarian is "ne"(no). "Ne" is always placed before the verb. "Ne" is always stressed.

- Tovà Ivàn li e ? (Is that Ivan ?)
- Da (Yes)
- Da, Ivàn e. (Yes, that is Ivan.)
- Ivàn e. (That is Ivan.)
- Ne, ne e. (No, it is not him.)

* *Special Questions*

Special questions do not take the interrogative particle "li". They usually begin with an interrogative word:

Kakvò e tovà? (What is that?) = Tovà kakvò e? (What is this?); Zashtò kàzvash tovà? (Why are you saying that?); Kъdè otìvash? (Where are you going?);

*The Particle "nali"

The particle "nali" is used to form questions to which a positive answer is expected. There is no special way of forming disjunctive questions in Bulgarian. The particle "nali" is used for all persons, genders, numbers and tenses.

Vìe ste amerikànets, nalì? (You are an american, aren't you?); Nalì me obìchash? (You love me, don't you?); Te ne sa bèlgari, nalì? (They are not Bulgarians, are they?);

Negation

In Bulgarian there may be more than one word indicating negation.

Tuk nìama nìkoj (There is no one here). Ne ìskam nìshto (I don't want anything).

ВИНО, АЛКОХОЛ – BEER, WINE, AND LIQUOR

Искам бутилка <u>шардоне</u> [мерло, тъмна бира]. *Ìskam butìlka shardonè (merlò, tỳmna bìra).*	I'd like a bottle of <u>chardonnay</u> [merlot, dark beer]. aid laik ə bɔtəl əf `ʃa:dɔ`neɪ [`mə:lo, da:k biə]. *а̀йд ла̀йк ъ бо̀тъл ъф ша̀адонѐй [мъ̀ъло, да̀ак бѝъ].*
Можете ли да препоръчате хубаво <u>червено</u> [бяло] вино? *Mòzhete li da preporỳchate hùbavo chervèno [biàlo] vìno?*	Can you recommend a good <u>red</u> [white] wine? kæn ju: `rekəmend ə gu:d red [wait] wain? *кѐн юу рѐкъмѐнд ъ гу̀уд рѐд [уа̀йт] уа̀йн?*

68

Ще поръчаме отново същото. *Shte porəchame otnòvo səshtoto.*	We'll have another round. [Let's have another round, shall we?] wil hæv ə`nʌðə raund. [lets hæv ə`nʌðə raund, ʃæl wi:?] *уѝл хѐв ънѐдъ ра̀унд. [лѐтс хѐв ънѐдъ ра̀унд, шѐл уѝи?]*
Дайте ми друга чаша. *Dàite mi drùga chàsha.*	I'd like another {glass}. aid laik ə`nʌðə {gla:s}. *а̀йд ла̀йк ънѐдъ {гла̀с}.*
Това вино не е изстудено. *Tovà vìno ne e izstudèno.*	This wine is not chilled. ðis wain iz not tʃild. *дѝс уа̀йн из но̀т чѝлд*
Бутилка бира, моля. *Butìlka bìra, mòlia.*	A bottle of beer, please. ə bɔtəl əf biə, pli:z. *ъ бо̀тъл ъф бѝъ плѝиз.*
Джин и тоник. *Dzhin i tònik.*	A gin and tonic. ə dʒin ənd `tɔnik. *ъ джѝн ънд то̀ник.*
– пилзер (бира) – *pìlzer (bìra)*	– pilser {beer} – `pilsə {`biə} *– пѝлсъ {бѝъ}*
– тъмна бира – *tə̀mna bìra*	– dark beer – da:k `biə *– да̀ак {бѝъ}*
– джин и тоник – *dzhin i tònik*	– gin and tonic – dʒin ənd `tɔnik *– джѝн ънд то̀ник*
– уиски с лед – *uìski s led*	– whiskey 'on the rocks' – `wiski 'on ðə roks' *– уѝски "он дъ ро̀кс"*

69

– коняк
– *koniàk*

– brandy
– brændi
– *брѐнди*

ВЛАК (ПЪТУВАНЕ) – TRAIN TRAVEL

Закарайте ме на гарата, колкото може по-бързо. *Zakàraite me na gàrata, kòlkoto mòzhe pò-bъ̀rzo.*	Please take me to the train station as quickly as possible. pli:z teik mi: tə ðə trein steiʃən æz ˋkwikli æz pɔsibl. *плѝиз тѐйк ми тъ дъ трѐйн стѐйшън ез куѝкли ез пòсибъл*
Къде се намира коловоз №6? *Kъdè se namìra kolovòz nòmer shest.*	Where do I find boarding ramp number 6? wɛə du: ai faind bɔ:diŋ ræmp ˋnʌmbə siks? *уеъ дỳу àй фàйнд бòодин рѐмп нѐмбъ сѝкс?*
Това ли е влакът за...? *Tovà li e vlàkъt za...?*	Is this the train for...? iz ðis ðə trein fo: ...? *ѝз дѝс дъ трѐйн фòо...?*
Това място заето ли е? Имате ли нещо против, ако седна тук? *Tovà miàsto zaèto li e?* *Ìmate li nèshto protìv, ako sèdna tuk?*	Is this seat taken? Do you mind if I sit here? iz ðis si:t ˋteikən? du: ju: maind if ai sit hiə? *из дис сѝит тѐйкън?* *дỳу юу мàйнд ѝф ай сѝт хѝъ?*
Имам запазено място. *Ìmam zapàzeno miàsto.*	I have a seat reservation. ai hæv ə si:t ˏresəˋveiʃən. *àй хев ъ сѝит рѐсъвѐйшън.*
Ще ми помогнете ли да	Can you help me put my

сложа куфара отгоре на багажника? *Shte mi pomògnete li da slòzha kùfara otgòre na bagàzhnika?*	suitcase up on the luggage rack? kæn ju: help mi: put mai sju:tkeis ʌp on ðə ˈlʌgidʒ ræk? кèн юу хèлп мùи пỳт май сюуткейс ъп он дъ лъ̀гидж рèк?
Може ли да отворя прозореца? *Mòzhe li da otvòria prozòretsa?*	<u>Might</u> [Mind if] I open the window? mait [maind if] ai ˈoupən ðə ˈwindou? мàйт (мàйнд иф) àй òупън дъ уùндоу?
Може ли да не пушите в купето? *Mòzhe li da ne pùshite v kupèto?*	Do you mind not smoking in the cabin? du: ju: maind not smoukiŋ in ðə ˈkæbin? дỳу юу мàйнд нòт смòукин ин дъ кèбин?
В колко часа пристигаме в...? *V kòlko chasà pristìgame v...?*	At what time do we <u>get to</u> [arrive in]...? æt wɔt taim du: wi: get tə [əˈraiv in]...? ет йòт тàйм дỳу йù гèт тъ [ърàйв ин]...?
Ще спрем ли в...? *Shte sprem li v...?*	Do we stop at...? do: wi: stop æt ...? дỳу йù стòп ет...?
Къде трябва да сменя влака за...? *Kъdè triàbva da smenià vlàka za...?*	Where do I get off to change for...? wɛə du: ai get of tə ˈtʃeindʒ fo:? уèъ дỳу àй гèт òф тъ чèйндж фòо?

71

Кажете, моля Ви, кога трябва да сляза? *Kazhète, molià Vī, kogà triàbva da sliàza?*	Please tell me when {I need} to get off. pli:z tel mi: wen {ai ni:d} tə get of. *плùиз тèл мùи уèн {àй нùид} тъ гèт òф.*

ВРЕМЕТО (КЛИМАТ) – WEATHER

Днес е хубав ден! *Dnes e hùbav den!*	It's a lovely day! its ə 'lʌvli dei! *итс ъ лъ̀вли дèй!*
Вали <u>дъжд</u> [сняг]. *Valì dъzhd [sniag].*	It's <u>raining</u> [snowing]. its 'reiniŋ [snowiŋ]. *итс рèйнин [снòуин].*
<u>Ветровито е</u> [има мъгла, слънчево е]. *Vetrovìto e [ìma mъglà, slъ̀nchevo e].*	It's <u>windy</u> [foggy, sunny] out. its windi ['fɔgi, 'sʌni] aut. *итс уùнди [фòги, съ̀ни] àут.*
Очаква ли се <u>да бъде студено</u> [да вали дъжд, сняг]? *Ochàkva li se da bъ̀de studèno (da valì dъzhd, sniag)?*	Is it expected to <u>be cold</u> [rain, snow]? iz it iks'pektid tə bi kould ['rein, snou]? *из ит икспèктид тъ би кòулд [рèйн, снòу]?*
Очаква се да падне под нулата. *Ochàkva se da pàdne pod nùlata.*	It's expected to drop below 0°. its isk'pektid tə drop bi'lou 'ziərou. *итс икспèктид тъ дрòп билòу зùъроу.*
Ще вали ли <u>дъжд</u> [сняг, облачно ли ще бъде]? *Shte valì li dъzhd [sniàg,*	Is it going to <u>rain</u> [snow, be cloudy]? iz it 'gouiŋ tə 'rein [snou, bi

òblachno li shte bède]?

Очаква ли се <u>буря</u> [дъжд, ясно време]?
Ochàlva li se bùria (dъzhd, iàsno vrème)?

<u>Ще се промени ли</u> [очаква ли се да се промени] времето?
Shte se promenì li [ochàkva li se da se promenì] vrèmeto?

Колко е студено навън?
Kòlko e studèno navъ̀n?

Не е студено.
Ne e studèno.

Навън е топло.
Navъ̀n e tòplo.

Малко ми е <u>топло</u> [хладно].
Màlko mi e tòplo (hlàdno).

Трябва <u>да се съблека</u> [да се облека].
Triàbva da se sъblekà [da se oblekà].

`klaudi]?
из ит гòуин тъ рèйн [снòу, би клàуди]?

Is <u>a thunderstorm</u> [rain, clear weather] expected?
iz ə `θʌndə.stɔːm [`rein, kliə `wɛðə] isk`pektid?
из ъ тъ̀ндъстоом [рèйн, клùъ уèдъ] икспèктид?

Is the weather <u>going</u> [expected] to change?
iz ðə `wɛðə `gouiŋ [iks`pektid] tə ˌtʃeindʒ?
из дъ уèдъ гòуин [икспèктид] тъ чèйндж?

How cold is it out?
hau kould iz it aut?
хàу кòулд ùз ит àут?

It's not cold.
its not kould.
итс нòт кòулд.

It's warm out.
its wɔːm aut.
итс уòом àут.

I'm a bit <u>warm</u> [chilly].
aim ə bit wɔːm [`tʃili].
àйм ъ бùт уòом [чùли].

You should <u>take off</u> [put on] some clothes.
juː ʃuːd teik of [put on] sʌm klɔθs.
юу шỳуд тèйк òф [пỳт òн] съм клòтс.

73

Каква е температурата?
Kakvà e temperatùrata?

What's the temperature?
wɔts ðə `temprətʃə?
уòтс дъ тèмпръчъ?

Горещо ми е.
Studèno mi e.

I'm hot.
aim hot.
àйм хòт.

Студено ми е.
Gorèshto mi e.

I'm cold.
aim kould.
àйм кòулд.

ВРЕМЕ. КОЛКО Е ЧАСЪТ? – TIME. WHAT'S THE TIME?

Колко е часът?
Kòlko e chasèt?

What time is it [do you have]?
What does your watch say?
wɔt taim iz it [du: ju: hæv]?
wɔt dʌz jo: wɔtʃ sei?
уòт тàйм ùз ит [дỳу юу хèв]? уòт дъз йòо уòч сèй?

В колко часа <u>отваряте</u> [затваряте]?
V kòlko chasà otvàriate [zatvàriate]?

What time do you <u>open</u> [close]?
wɔt taim du: ju: `oupən [klouz]?
уòт тàйм дỳу юу òупън [клòуз]?

В колко часа се <u>отваря</u> [затваря] <u>музеят</u> [магазинът]?
V kòlko chasà se otvària [zatvària] muzèyat [magazìnъt] [klouz]?

What time <u>does the museum</u>, [does the store] open [close]?
wɔt taim dʌz ðə mju:`ziə:m, [dʌz ðə stɔ:] `oupən
уòт тàйм дèз дъ мюзùъм [дèз дъ стòо] òупън(клòуз)?

Сега е <u>три и половина</u> [почти осем].
Segà e tri i polovìna

It's {now} <u>half past three</u> [almost eight].
its {nau} ha:f past θri:

74

[pochtì òsem].

['ɔ:lmoust eit].
итс /нàу/ хàaф наст трùи
[òлмоуст èйт].

Часът е...
Chasèt e...

It's...
its...
ùтс...

един
edìn

one o'clock
wʌn ə`klɔk
уàн ъ клòк

два
dva

two o'clock
tu: ə`klɔk
тỳу ъ клòк

три
tri

three o'clock
θri: ə`klɔk
трùи ъ клòк

четири
chètiri

four o'clock
fɔ: ə`klɔk
фòо ъ клòк

пет
pet

five o'clock
faiv ə`klɔk
фàйв ъ клòк

шест
shest

six o'clock
siks ə`klɔk
сùкс ъ клòк

седем
sèdem

seven o'clock
sevn ə`klɔk
сèвн ъ клòк

осем
òsem

eight o'clock
eit ə`klɔk
èйт ъ клòк

девет
dèvet

nine o'clock
nain ə`klɔk
нàйн ъ клòк

75

десет *dèset*	ten o'clock ten ə`klɔk *тèн ъ клòк*
единадесет *edinàdeset*	eleven o'clock i`levn ə`klɔk *илèвн ъ клòк*
дванадесет *dvanàdeset*	twelve o'clock twelv ə`klɔk *туèлв ъ клòк*
три без петнадесет *tri bez petnàdeset*	a quarter to three ə `kwɔtə tə θri: *ъ куòтъ тъ трùи*
три и половина *tri i polovìna*	a half past three ə ha:f `pæst θri: *ъ хàаф нàст трùи*
около осем *òkolo òsem*	about eight (eightish) əb`aut eit *ъбàут èйт*

Часовете преди 12,00 ч. a.m. [ei em; èй èм]
Часовете след 12,00 ч. p.m. [pi: em; пùи èм]
12:00 {twelve} noon, {twelve} midnight, 12 o'clock
12:07 seven minutes past twelve, twelve-O-seven
12:15 twelve fifteen, a quarter past twelve, a quarter past twelve
12:30 twelve thirty, half past twelve
12:45 twelve fourty five, a quarter to one, fifteen minutes to one
12:47 twelve fourty seven, thirteen minutes to one
1:00   one o'clock *(Military designation on one in the afternoon is 'thirteen hundred hours'.)*

будилник *budìlnik*	alarm clock ə`la:m klɔk *ълàам клòк*

минута *minùta*	minute `minit *мùнит*
ръчен часовник *rèchen chasòvnik*	watch wɔtʃ *уòч*
секунда *sekùnda*	second `sekənd *сèкънд*
стенен часовник *stènen chasòvnik*	clock klɔk *клòк*
час *chas*	hour auə *àуъ*
часовник с кукувица *chasòvnik s kùkuvitsa*	swiss clock (cuckoo clock) swis klɔk (`kuku: klɔk). *суùс клòк (кỳкỳу клòк).*

ДАТИ, КАЛЕНДАР – DATE, CALENDAR
Главата е озвучена частично в звукозаписа.

Каква дата сме днес? *Kakvà dàta sme dnes?*	What's the date today? What day is it? wɔts ðə deit tə`dei? wɔt dei iz it? *уòт дèйт из тъдèй?* *уòт дèй ùз ит?*
Днес е <u>11 ноември</u> [четвъртък]. *Dnes e edinàdeseti noèmvri* *[chetvъrtъk].*	Today is <u>the 11th of</u> <u>November</u> [Thursday]. tə`dei is ði: i`levənθ əf nou`vembə [`θə:sdi]. *тъдèй из дùи илèвънт òф* *ноувèмбъ [тъ̀:сди].*

77

Датата е 20 януари 1999 г. *Dàtata e dvàdeseti yanuàri 1999 godìna.*	The date is <u>January 20th, 1999</u> [1/20/1999, 20 Jan 1999 - Am., 20/1/1999 - Br.]. ðə deit is ˋdʒænjuəri ˋtwentiiθ *дъ дѐйт из дженю̀ъри ту̀ѐнтит*
Имаме среща на <u>17 ноември</u> [понеделник]. *Ìmate srèshta na 17 noèmvri [ponedèdlnik].*	We have a meeting on <u>the 17th of November</u> [Monday]. wi hæv ə miitiŋ on ðə ˋsevnˋti:nθ əf nouˋvembə [ˋmʌndi]. *у̀и хѐв ъ мѝитин он дъ сѐвнтиинт ъф ноувѐмбъ [мъ̀нди].*
Ще се видим в понеделник. *Shte se vìdim v ponedèlnik.*	I'll see you on Monday. ail si: ju: on ˋmʌndi. *а̀йл сѝи ю̀у он мъ̀нди*
Може ли да се срещнем в два часа? Искам да се видим след обед по някое време. *Mòzhe li da se srèshtnem v dva chasà? Ìskam da se vìdim sled òbed po niàkoe vrème.*	Can we meet at 2 o'clock? I'd like to meet in the afternoon sometime. kæn wi mi:t æt tu: əˋklɔk? aid laik tə mi:t in ði ˋa:ftəˋnu:n ˋsʌmtaim. *кѐн у̀и мѝит ет ту̀у ъ клòк? а̀йд ла̀йк тъ мѝит ин ди а̀фтънуу̀н съмта̀йм.*
Какво ще правиш през уикенда [през деня, вечерта, през нощта]? *Kakvò shte pràvish prez uìkenda [prez denià, vechertà, prez noshtà]?*	What do you do <u>on the weekend</u> [during the day, in the evening, at night]? wɔt du: ju: du: on ðə ˋwi:kˋend [ˋdjuəriŋ ðə dei, in ði ˋi:vniŋ, æt nait]. *у̀от дю̀у ю̀у дю̀у он дъ у̀ѝикенд [дю̀ърин дъ дѐй, ин ди ѝвнин, ет на̀йт].*

Дните на седмицата	**The Days of the Week**
понеделник *ponedèlnik*	Monday ˋmʌndi
вторник *vtòrnik*	Tuesday ˋtju:zdi
сряда *sriàda*	Wednesday ˋwenzdi
четвъртък *chetvɤ̀rtək*	Thursday ˋθə:sdi
петък *pètək*	Friday ˋfraidi
събота *sɤ̀bota*	Saturday ˋsætədi
неделя *nedèlia*	Sunday ˋsʌndi
Месеците *mèsetsite*	**Months** mʌnθs
Януари *ianuàri*	January ˋdʒænjuəri
Февруари *fevruàri*	February ˋfebruəri
Март *mart*	March ma:tʃ
Април *aprìl*	April ˋeipril
Май *mài*	May mei
Юни *iùni*	June dʒu:n
Юли *iùli*	July dʒuˋlai

Август	August
àvgust	`ɔgəst
Септември	September
septèmvri	sep`tembə
Октомври	October
oktòmvri	ɔk`toubə
Ноември	November
noèmvri	nou`vembə
Декември	December
dekèmvri	di`sembə
Сезоните	Seasons
sezònite	`si:zəns
пролет	spring
pròlet	spriŋ
лято	summer
liàto	sʌmə
есен	autumn
èsen	`ɔ:təm
зима	winter
zìma	`wintə

ДЕЦА – CHILDREN

Имам две деца.
Ìmam dve detsà.
ai hæv tu: `tʃildrən.
àй хев тỳу чѝлдрън

Ние сме четирично
семейство.
Nìe sme chetirichlènno semèistvo.
We are a family of four.
wi a: ə `fæmili əf fɔ:
уѝ àа ъ фѐмили ъф фòо

Имате ли специална цена
Do you have a special rate

80

за деца?
*Ìmate li spetsiàlna tsenà
za detsà?*

du: ju: hæv ə `speʃəl reit fə
`tʃildrən?
*дỳу юу хѐв ъ спѐшъл рѐйт
фъ чѝлдрън?*

Колко е входът за деца?
Kòlko e vhòdɤt za detsà?

How much is admission
for children?
hau mətʃ iz əd`miʃən fə `tʃildrən?
*хàу мъч из ъдмѝшън фъ
чѝлдрън?*

Имате ли удобства за деца?
Ìmate li udòbstva za detsà?

Do you have facilities
for children?
du: ju: hæv fə`silitis fə `tʃildrən?
*дỳу юу хѐв фъсѝлитийс фъ
чѝлдрън?*

Имате ли детски легла?
Ìmate li dètski leglà?

Have you got [Are there] cots
for the children?
hæv ju: got [a: ðeə] kɔts fə ðə
`tʃildrən?
*хѐв юу гòт [àа дѐъ] кòтс
фъ дъ чѝлдрън?*

Имате ли детско меню?
Ìmate li dètsko meniù?

Do you have a special
children's menu?
du: ju: hæv ə `speʃəl `tʃildrəns
`menju:?
*дỳу юу хѐв ъ спѐшъл
чѝлдрънс мèню?*

Кърмя детето си. Къде
мога да накърмя [да сменя
пелените на] бебето си?
*Kɤ̀rmia detèto si. Kɤdè
mòga da nakɤ̀rmia [da smenià
pelenìte na] bèbeto si?*

I breast-feed my baby.
Where can I breast-feed
[change] my baby?
ai brest fi:d mai `beibi. wɛə
kæn ai brest-fi:d [`tʃeindʒ] mai
`beibi?
*ай брѐстфѝйд май бѐйби.
уѐъ кѐн ай брѐстфѝйд
[чѐйндж] май бѐйби?*

81

Може ли да ми помогнете да наема <u>детегледачка</u> [отговорен човек, който да се грижи за децата ми]?
Mòzhe li da mi potògnete da naèma detegledàchka [otgovòren chovèk, kòito da se grìzhi za detsàta mi]?

Can you help me find a <u>baby-sitter</u> [responsible person to look after my children]?
kæn ju: help mi faind ə ˈbeibiˌsitə [risˈpɔnsəbəl pəːsn, tə luːk ˈaːftə mai ˈtʃildrən]?
кèн юу хèлп мии файнд ъ бèйбиситъ [риспòнсъбъл пъсн, тъ лỳук àфтъ май чѝлдрън]?

ЕКСКУРЗИИ – TRIPS, EXCURSIONS

Предлагате ли екскурзии за разглеждане на града?
Predlàgate li ekskùrzii za razglèzhdane na gradà?

Do you offer sightseeing tours?
du: ju: ˈɔfə ˈsaitˌsiːŋ tuəs?
дỳу юу òфъ сàйтсиин тỳъс?

Предлагате ли <u>пешеходна</u> [автобусна] екскурзия из града?
Predlàgate li peshehòdna [avtobùsna] ekskùrzia iz gradà?

Do you have a <u>walking</u> [bus] tour of the city?
du: ju: hæv ə ˈwɔːkiŋ [bʌs] tuəs əf ðə ˈsiti?
дỳу юу хèв ъ уòокин [бъс] тỳъс ъф дъ сѝти?

Има ли екскурзии <u>из планината</u> [по реката]?
Ìma li ekskùrzii iz planinàta [po rekàta]?

Are there any trips offered <u>into the mountains</u> [on the river]?
aː ðɛə ˈeni trips ˈɔfəd ˈintu ðə ˈmauntins [on ðə ˈrivə]?
àа дèъ èни трѝпс ѝнту дъ мàунтинс [он дъ рѝвъ]?

Има ли екскурзии по <u>реката</u> [морето]?
Ìma li ekskùrzii po rekàta [morèto]?

Are there any boat trips on the <u>river</u> [sea]?
aː ðɛə ˈeni bout trips on ðə ˈrivə [siː]?
àа дèъ èни бòут трѝпс он дъ рѝвъ [сѝти]?

В църквата има ли екскурзовод? *V tsèrkvata ìma li ekskurzovòd?*	How can I get a guided tour of the church? hau kæn ai get ə gaidid tuə əf ðə tʃə:tʃ? *хàу кèн ай гèт ъ гàйдид тỳъ ъф дъ чъ̀ъч?*
Препоръчайте ми добър ресторант. *Preporèchaite mi dobèr restorànt.*	<u>Can you recommend</u> [Where can I find] a good place to eat? kæn ju: ˌrekə`mend [wɛə kæn ai faind] ə gu:d pleis tə i:t? *кèн юу рèкъмèнд [уèъ кèн ай фàйнд] ъ гỳуд плèйс тъ ùит?*
Моля Ви, спрете автобуса. *Mòlia vi, sprète avtobùsa.*	Please, stop the bus. pli:z, stop ðə bʌs. *плùиз, стòп дъ бъс.*
Чувствам се зле. *Chùvstvam se zle.*	I'm feeling sick. aim fi: liŋ sik. *àйм фùилин сик.*
Добре ли сте? *Dobrè li ste?*	Are you alright? a: ju: `ɔlrait? *àа юу òлрàйт?*
Не, малко ми е лошо. *Ne, màlko mi e lòsho.*	No, I'm feeling a bit sick. nou, aim fi:liŋ ə bit sik. *нòу, àйм фùилин ъ бùт сùк.*

ЗАПОВЕДИ. МОЛБИ – COMMANDS. REQUESTS
Главата е озвучена в звукозаписа.

Моля [моля те, моля Ви, ако обичате]. *Mòlia [mòlia te, mòlia vi, akò obìchate].*	Please. pli:z

83

Още един път. *Oshte edìn pŭt.*	Once again. wʌns ə`gæn	
Ела тук. *Elà tuk.*	Come here. kʌm hiə.	
Влез. *Vlèz.*	Come in. kʌm in.	
Седни. *Sednì.*	<u>Sit down</u>. [Have a seat.] sit daun [hæv ə si:t]	
Стани. *Stanì.*	Stand up. stænd ʌp.	
Ела с мен, моля те. *Elà s men, mòlia te..*	Come with me {please}. kʌm wið mi pli:z.	
Не сега, по-късно. *Ne segà, pò kŭsno.*	Not now... later. not nau... l`eitə.	
Бързай. *Bŭrzai.*	Hurry up. `hʌri ʌp	
Изчакайте един момент. *Izchàkaite edìn momènt.*	Hang on a moment. *('Hang on' is informal for 'hold on'.)* hæŋ on ə mounənt.	
Малко <u>повече</u> [по-малко]. *Màlko pòveche [pò màlko].*	A little <u>more</u> [less]. ə litl mo: [les].	
Направи това. *Napravì tovà.*	Do it. du: it.	
Недей. *Nedèi.*	Don't do it. dount du: it.	
Донеси това тук. *Donesì tovà tuk.*	Bring it here. brıŋ it hiə.	
Донеси ми... *Donesì mi...*	Bring me... brıŋ mi...	
Дай ми това. *Dài mi tovà.*	Give it to me. giv it tə mi.	

Дай ми. *Dài mi.*	Give me. giv mi.
Помогни ми. *Pomognì mi.*	Help me. help mi.
Покажи ми. *Pokazhì mi.*	Show me. ʃou mi.
Чуй {ме}. Слушай. *Chùi {me}. Slushài.*	Listen {to me}. lisn {tə mi}
Отвори това. *Otvorì tovà.*	Open it. `oupən it.
Затвори това. *Zatvorì tovà.*	Close it. klouz it.
Поправи това. *Popravì tovà.*	Repair [fix] it. ri`pɛə it.
Почисти масата. *Pochistì màsata.*	Clean the table. kli: ðə teibəl.
Махни това. *Mahnì tovà.*	Take it away. teik it ə`wei.
Напиши това. *Napishì tovà.*	Write it down. rait it daun.
Изговори това буква по буква. *Izgovorì tovà bùkva po bùkva.*	Spell it {for me}. spel it {fɔ: mi}.
Извикай такси. *Izvikàj taksì.*	Call a taxi. kɔl ə tæksi.
Не забравяй. *Ne zabràviai.*	Don't forget. dount fə`get.
Говори по-бавно. *Govorì pò bàvno.*	Speak more slowly. spi:k mɔ: slouli.
Говори по-ясно. *Govorì pò iàsno.*	Speak more clearly. spi:k mɔ: kliəli.

Моля Ви, повторете (това, което казахте току-що). *Mòlia vi, povtorète (tovà, koèto kàzahte tokù-shto).*	Sorry, I didn't quite catch that.* `sɔri ai didnt k`wait kætʃ ðæt.

ЗИМНИ СПОРТОВЕ – WINTER SPORTS

Може ли да вземем ски под наем? *Mòzhe li da vzèmem ski pod nàem?*	Can we rent skis here? kæn wi rent skiːs kiə? *кèн уù рèнт скùис хùъ?*
В какво състояние е снегът? *V kakvò sʌstoiànie e snegʌ̀t?*	What are the snow conditions like? wɔt aː ðə snow kən`diʃəns laik? *уòт àа дъ снòу кʌндùшънс лàйк?*
Кои писти са <u>най-лесни</u> [най-добри]? *Koì pìsti sa <u>nài lèsni</u> [nài dobrì]?*	<u>Which</u> [Where] are the <u>easiest</u> [best] runs? witʃ [wɛə] aː ðə `iːziəst [best] rʌns? *уùч [уèъ] àа дъ ùйзиъст [бèст] рʌ̀нс?*
Как се стига до върха? *Kak se stìga do vʌrhà?*	How do <u>I</u> [we] get to the top? hau duː ai [wi] get tə ðə tɔp? *хàу дỳу àй [уù] гèт тъ дъ тòп?*
Има ли опасност от лавини? *Ìma li opàsnost ot lavìni?*	Is there danger of avalanche? iz ðɛə `deindʒə əf `ævəlaːnʃ? *ùз дèъ дèйнджъ ъф èвълаанш?*

---

* Когато не разбирате или не чувате събеседника, можете да му кажете „Sorry, I don't understand" или просто „I'm sorry". Формата „Please, repeat", което означава буквално "Моля, повторете", не звучи учтиво.

Къде можем да <u>караме
кънки</u> [да караме спортна
шейна тобоган, да се
пързаляме с децата]?
*Kʌdè mòzhem da kàrame
kʌnkì [da kàrame spòrtna
sheinà tobogàn, da se
pʌrzàliame s detsàta]?*

Можем ли да се запишем
на <u>уроци</u> [обучение]?
*Mòzhem li da se zapìshem
na uròtsi [obuchènie]?*

Where can we go <u>skating</u>
[tobogganing, sledding with
the kids]?
wɛə kæn wi gou `skeitiŋ
[tə`bɔgəniŋ, `slediŋ wið ðə
kids]?
*уѐъ кѐн уѝ гду скѐйтин
[тъбо́гънин, слѐдин уид дъ
кѝдс]?*

Can we make reservations
for lessons here?
<u>How</u> [Where] can we get
lessons?
kæn wi meik ˏ resə`veiʃən fɔ:
`lesəns hiə?
hau [wɛə] kæn wi get `lesəns?
*кѐн уѝ мѐйк рѐзвѐйшън фо
лѐсънс хѝъ?*
хàу [уѐъ] кѐн уѝ гет лѐсънс?

ЗЪБОЛЕКАР – DENTIST

Моля Ви, прегледайте
ми зъбите.
*Mòlia vi, preglèdaite mi
zʌ̀bite.*

Искам да се запиша за
стоматологичен преглед.
*Ìskam da se zapìsha za
stomatologìchen prègled.*

Can you check my teeth?
kæn ju: tʃek mai ti:θ?
кѐн ю̀у чѐк май тѝит?

I'd like to <u>have</u> [schedule]
a dental checkup.
aid laik tə hæv [`skedju:l]
ə `dentəl `tʃekʌp?
*àйд лàйк тъ хѐв [скѐдюул]
ъ дѐнтъл чѐкъп?*

87

Боли ме зъб. *Bolì me zъb.*	I have [I've got] a toothache. ai hæv [aiv gɔt] ə `tu:θeik. *àй хев [àйв гот] ъ тỳутейк.*
Венците ми кървят [когато си чистя зъбите с конец]. *Ventsìte mi kърvìàt [kogàto si chìstia zъbite s konèts].*	My gums are bleeding [bleed when I floss]. mai glʌms a: `bli:diŋ [bli:d wen ai flɔs]. *мàй гъмс àа блùидин [блùидин уèн ай флòс].*
Счупи ми се зъбът. *Stsùpi mi se zъbъ̀t.*	I have [I've got] a broken tooth. ai hæv [aiv gɔt] ə `broukən tu:θ. *àй хев [àйв гот] ъ брòукън тỳут.*
Коронката ми се счупи [се разклати]. Сменете ми коронката [направете ми коронка на зъба]. *Korònkata mi se schùpi [se razklàti]. Smenète mi koronkata [napravète mi koronka na zъbà].*	My crown has come undone [loose]. I'd like to have this crown replaced [tooth crowned]. mai kroun hæz kʌm ʌn`dʌn [lu:s]. aid laik tə hæv ðis kraun ri:p`leist [tu:θ kraund]. *мий крòун хез към ъндèн [лỳус]. àйд лàйк тъ хèв дис крàун риплèйст [тỳут крàунд].*
Изкуствените челюсти [протези, скоби] ме болят. *Izkùstvenite chèliusti [protèzi, skòbi] me bolìàt.*	My plates [dentures, braces] hurt. mai pleits [`dentʃəz, breisiz] hə:t. *мàй плèйтс [дèнчъз, брèйсис] хъ̀ът.*
Мисля, че този зъб трябва	I think this tooth needs to be

да се извади. Ще ми извадите ли зъба?
Mìslia, che tòzi zъb triàbva da se izvàdi. Shte mi izvàdite li zъbà?

pulled out. Am I going to lose the tooth?
ai θiŋk ðis tu:θ ni:ds tə bi puld aut. æm ai gouiŋ tə lu:z ðə tu:θ?
àй тѝнк дис тỳут нѝйдс тъ би пỳлд àут. ѐм ай гòуин тъ лỳуз дъ тỳут?

Имате <u>абцес</u> [болест на венеца]. Трябва <u>да се умъртви зъбът</u> [да чистите зъбите с конец по-често].
Ìmate abtsès [bòlest na venètsa]. Triàbva da se umъrtvì zъbъ̀t [da chìstite zъ̀bite s konets pò chèsto].

You have <u>an abcess</u> [gum disease]. You need <u>a root canal</u> [to floss more frequently].
ju: hæv ən abtses [gʌm diz`i:z]. ju: mi:d ə ru:t kə`nal [tə flos mo: `fti:kwəntli].
юу хѐв ън àбцес [гъм дизийз] юу нѝйд ъ рỳут кънàл [тъ флòс мòо фрикуънтли].

Можете ли да успокоите болката?
Mòzhete li da uspokoìte bòlkata?

Can you do something about the pain?
kæn ju: du: sʌmθiŋ ə`baut ðə pein?
кѐн юу дỳу съ̀мтин ъбàут дъ пèйн?

Моля, отворете <u>си устата</u> [широко].
Mòlia, otvorète si ustàta [shiròko].

Open <u>your mouth</u> [wide].
`oupən jo: mauθ [waid].
òупън йо мàут [уàйд].

Можете да <u>изплакнете устата</u> [да изплюете].
Mòzhete da izplàknete ustàta [da izpliùete].

You can <u>rinse</u> [spit] it out.
ju: kæn rins [spit] it aut.
юу кен рѝнс [спит] ит àут.

<u>Протезата</u> [изкуствената челюст] ми убива.
Protèzata [izkùstvenata chèliust] mi ubìva.

My <u>plates</u> [dentures] hurt.
mai pleits [`dentʃəz] hə:t.
мàй плèйтс [дѐнчъз] хъ̀ът

89

Не яжте 2 часа. Ако имате проблеми, обадете ми се.
Ne iàzhte dva chàsa. Ako ìmate problèmi, obadète mi se.

Don't eat anything for 2 hours. If you have any problems, call me.
dont i:t `eniθiŋ fo: tu: auəz. if ju: hæv `eni `prɔbləms, kɔ:l mi.
дòнт ùйт èнитин фо тỳу àуъз. ùф юу хев èни прòблъмс, кòол ми.

ИНТЕРНЕТ – INTERNET

Има ли "Интернет" кафе в града? Имам малко работа по Интернет.
Ìma li "Ìnternet" kafè v gradà? Ìmam màlko ràbota po Ìnternet.

Is there an Internet cafe in town? I have some work I should do on the internet.
is ðeə ən `intə.net `kæfei in taun? ai hæv sʌm wə:k ai ʃu:d du: on in ði `intə. net.
ùз дèъ ън ùнтънèт кефèй ин тàун? àй хев съм уъък ай шуд дỳу òн ин ди ùнтнèт.

Искам да изпратя <u>няколко електронни писма</u> [статията си].
Ìskam da izpràtia <u>niàkolko elektrònni pismà</u> [stàtiyata si].

I should send off <u>some e-mails</u> [my article].
ai ʃu:d send of sʌm i:-meils [mai `a:tikəl].
àй шуд сèнд òф съм ùмейлс [май àатикъл].

ИНФОРМАЦИЯ – INFORMATION

Къде мога да получа информация?
Kъdè mòga da polùcha informàtsiya?

Where can I get information?
wɛə kæn ai get , infə`meiʃən?
уèъ кèн ай гèт ùнфъмèйшън?

Искам информация за
<u>квартири под наем</u>
[заведения за хранене,
концерти, времето].
*Ìskam informàtsiya za
<u>kvartìri pod nàem</u>
[zavedèniya za hrànene,
kontsèrti, vrèmeto].*

I need information on
<u>housing</u> [eating out, concerts,
weather conditions].
ai ni:d . infə`meiʃən on `hauziŋ
[i:tiŋ aut, `kɔnsəts, `weðə
kən`diʃəns].
*àй нùид инфъмѐйшън он
хàузин [ùитин àут,
кòнсъстс, уѐдъ къндùшънс].*

КАРТИ, ПЪТЕВОДИТЕЛИ – MAPS AND GUIDES

Имате ли карта на <u>града</u>
[София]?
*Ìmate li kàrta na <u>gradà</u>
[Sofìya]?*

I need a street map of <u>the city</u>
[Sofia].
ai ni:d ə stri:t mæp əf ðə siti
[Soufiə].
*àй нùид ъ стрùиит мѐп ъф
дъ сùти [сòуфиъ].*

Имате ли пътна карта на...?
Ìmate li pɤ̀tna kàrta na...?

I need a road map of...
ai ni:d ə roud mæp əf...
àй нùид ъ рòуд меп ъф...

Можете ли да ми покажете
{това} на картата?
*Mòzhete li da mi pokàzhete
{tovà} na kàrtata?*

Can you show me
on the map?
kæn ju: ʃou mi on ðə mæp?
кèн юу шòу ми он дъ мèп?

Имате ли пътеводител
на <u>английски</u> [български]
език?
*Ìmate li pɤtevodìtel na
<u>anglìiski</u> [bɤ̀lgarski] èzik?*

Do you have a guidebook in
<u>English</u> [Bulgarian]?
du: ju: hæv ə `gaid buk in
`iŋliʃ [bʌl`geəriən]?
*дỳ юу хев ъ гàйд бук ин
ùнглиш [бългѐъриън]?*

Имам нужда от преводач

I'll be needing a translator

{който да ме съпровожда}. {to accompany me}.
Imam nùzhda ot prevodàch ail bi: ni:diŋ ə tra:ns`leitə {tə
{kòito da me səprovòzhda}. ə`kʌmpəni mi}.
àйл бùи нùидин ъ транс-
лèйт {тъ ъкèмпъни ми}.

Можете ли да ми намерите Can you help me find a good
добър <u>преводач</u> <u>translator</u> [guide]?
[екскурзовод]? kæn ju: help mi faind ə gu:d
Mòzhete li da mi namèrite tra:ns`leitə [gaid]?
dobèr prevodàch [ekskurzovòd]? кен юю хèлп ми фàйнд ъ
гỳуд транслèйт [гàйд]?

КОГА? – WHEN?
Главата е озвучена в звукозаписа.

в миналото	in the past
v mìnaloto	in ðə pa:st
Той все още живее	He's still living in the past.
в миналото.	
Tòi vse òshte zhivèe v mìnaloto.	hiz stil `liviŋ in ðə pa:st.
сега	now
segà	nau
Какъв е проблемът сега?	What's the matter now?
Kakèv e problèmət segà?	wɔts ðə `mætə nau?
в бъдеще	in the future
v bèdeshte	in ðə fju:tʃə
Всички ще имаме	We'll all be wearing
компютри в бъдеще.	computers in the future.
Vsìchki shte ìmame	wil ɔ:l bi: `wɛəriŋ kəm`pju:təz
kompiùtri v bèdeshte.	in ðə `fju:tʃə.
оня ден	the day before yesterday
ònia den	ðə dei bi:`fɔ: `jestədei

Видях го оня ден.
Vidiàh go ònia den.

I saw him **the day before yesterday**.
ai sɔ: him ðə dei bi`fɔ: `jestədei.

вчера
vchèra

yesterday
`jestədei

Видях го **вчера**.
Vidiàh go vchèra.

I saw him **yesterday**.
ai sɔ: him `jestədei.

днес
dnes

today
tə`dei

Ще го видя по-късно **днес**.
Shte go vìdia pò kàsno dnes.

I'll see him later **today**.
ail si: him `leitə tə`dei.

утре
ùtre

tomorrow
tə`mɔrou

Ще го видя **утре**.
Shte go vìdia ùtre.

I'll be seeing him **tomorrow**.
[I'll see him **tomorrow**.]
ail bi: si:ŋ him tə`mɔrou.
[ail si: him tə`mɔrou.]

вдругиден
vdrùgiden

the day after tomorrow
ðə dei `a:ftə tə`mɔrou

Вдругиден е Рождество.
Vdrùgiden e Rozhdestvò.

The day after tomorrow is Christmas.
ðə dei `a:ftə tə`mɔrou iz `krisməs.

преди седмица
predì sèdmitsa

a week ago
ə wi:k ə`gou

Първият сняг заваля **преди седмица**.
Pàrviyat sniàg zavalià predì sèdmitsa.

The first snow was **a week ago**.
[It first snowed **a week ago**.]
ðə fə:st snou wɔz ə wi:k ə`dou.
[it fɔ:st sn`oud ə wi:k ə`gou.]

тази седмица
tàzi sèdmitsa

this week
ðis wi:k

Ние сме във ваканция
тази седмица.
Nìe sme vəv vakàntsiya tàzi sèdmitsa.
We're on vacation **this week**.
wi: a: on və`keiʃən ðis wi:k.

следващата седмица
slèdvashtata sèdmitsa
next week
nekst wi:k

Следващата седмица отново се връщаме на работа.
Slèdvashtata sèdmitsa otnòvo se vrəshtame na ràbota.
Next week we'll be back at work again.
nekst wi:k wil bi: bæk æt wə:k ə`gein.

в края на седмицата
v kràya na sèdmitsata
later this week
`leitə ðis wi:k

Ще се върна на работа **в края на седмицата**.
Shte se vərna na ràbota v kràya na sèdmitsata.
I'll be back at work **later this week**.
ail bi: bæk æt wə:k `leitə ðis wi:k.

след седмица
sled sèdmitsa
in a week
in ə wi:k

Ще те видя **след седмица**.
Sthe te vìdia sled sèdmitsa.
I'll see you **in a week**.
ail si: ju: in ə wi:k

сутринта
sutrintà
in the morning
in ðə `mɔ:niŋ

Имам нужда от едно кафе всяка сутрин.
Ìmam nùzhda ot ednò kafè vsiàka sùtrin.
I need my coffee **in the morning**.
ai ni:d mai `kɔfi in ðə `mɔ:niŋ.

на обяд
na obiàd
at noon
æt nu:n

Обикновено обядваме **на обяд**.
Obiknovèno obiàdvame na obiàd.
We usually have dinner **at noon**.
wi `ju:ʒuəli hæv `dinə æt nu:n.

94

следобед
sletòbed
Играем заедно следобед.
Igràem zàedno sletòbed.

вечерта
vechertà
Вечерно време излизаме заедно.
Vechèrno vrème izlìzame zàedno.

през нощта
prez noshtà
Ние спим през нощта.
Nìe spim prez noshtà.

в полунощ
v polunòsht
Повечето хора спят в полунощ.
Pòvecheto hòra spiàt v polunòsht.

в понеделник
v ponedèlnik
Ще се видим в понеделник.
Shte se vìdim v ponedèlnik.

през април
prez aprìl
Ще се върна някъде през април.
Shte se vъ̀rna niàkъde prez aprìl.

in the afternoon
in ði `a:ftənu:n
We play together in the afternoon.
wi plei tə`geðə in ði `a:ftənu:n.

in the evening
in ði `i:vniŋ
We go out in the evening.
wi: gou aut in ði `i:vniŋ.

at night
æt nait
We usually sleep at night.
wi ju:ʒuəli sli:p æt nait.

at midnight
æt midnait
Most people are sleep at midnight.
moust pi:pl a: asli:p æt midnait.

on Monday
on `mʌndi
We'll see on Monday.
wil si: on `mʌndi.

in April
in `eipril
I'll be {coming} back in April sometime.
ail bi: {kʌmiŋ} bæk in `eipril sʌmtaim.

95

през 1999 г.
prez hiliàda dèvetstotin devetdesèt i devèta godìna

Някои хора мислят, че през 1999 г. ще се случат странни неща.
Niàkoi hòra mìsliat, che prez hiliàda dèvetstotin devetdesèt i devèta godìna shte se slùchat strànni neshtà.

in 1999
in `nainti:n `nainti nain.

Some people think strange things will happen in 1999.

sʌm pi:pl ˌθŋk `streindʒ θŋŋs wil hæpn in `nainti:n `nainti nain.

КОЛА ПОД НАЕМ – RENTING A CAR

Искам да взема кола под наем.
Ìskam da vzèma kolà pod nàem.

I'd like to rent a car.
aid laik tə rent ə ka:
àйд лàйк тъ рèнт ъ кàа.

Искам кола с шофьор.
Ìskam kolà s shofiòr.

I'll be needing [I need] a car with chauffeur.
ail bi ni:diŋ [ai ni:d] ə ka: wið `ʃoufə.
àйл би нùидин [ай нùид] ъ кàа уùд шòуфъ.

Искам голяма кола.
Ìskam goliàma kolà.

I need a large car.
ai ni:d ə la:dʒ ka:
àй нùид ъ лàадж кàа.

И по-малка кола ще свърши работа.
I pò màlka kolà shte svèrshi ràbota.

A smaller car will do.
ə smɔ:lə ka: wil du:
ъ смòлъ кàа уùл дỳу.

Какъв е наемът за <u>ден</u> [седмица, месец]?
Kakèv e nàemǝt za den

How much does it rent for per <u>day</u> [week, month]?
hau mʌtʃ dʌz it rent fo: pə:

96

[sèdmitsa, mèsets]?	dei [wi:k, monθ]? *хàу мѐч дѐз ит рѐнт фò пъ дѐй [уùик, монт]?*
Моля Ви, направете ми разяснения по документите на колата. *Mòlia vi, napravète mi raziasnèniya po dokumèntite na kolàta.*	I'll <u>need</u> [be needing] someone to go through this documentation with me. ail ni:d [bi ni:diŋ] `sʌmwʌn tə gou θru: ðis dɔkjumən`teiʃn wið mi. *àйл нùид [би нùидин] сѐмуън тъ гòу тру дùс дòкюмънтѐйшън уид мù.*

КОЛА. ПЪТУВАНЕ С КОЛА – CARS. TRAVELLING BY CAR

Искам да застраховам колата. *Ìskam da zastrahòvam kolàta.*	I'd like to <u>arrange for car insurance</u> [buy car insurance]. aid laik tə ə`reindʒ fə ka:in`ʃuərəns [bai ka: in`ʃuərəns]. *àйд лàйк тъ ърѐйндж ъ кàа иншỳрънс [бàй кàа иншỳрънс].*
Моля Ви, покажете ми пътя за... на картата. *Mòlia vi, pokazhète mi pètia za... na kàrtata.*	Can you show me <u>the way</u> [how to get] to... on the map. kæn ju: ʃou mi ðə wei [hau tə get] tə... on ðə mæp. *кѐн ю шòу ми дъ уѐй [хàу тъ гѐт] тъ ... он дъ мѐп.*
Колко километра остават до Пловдив? *Kòlko kilomètra ostàvat do Plòvdiv?*	How <u>many kilometers</u> [far] is it to Plovdiv? How far is Plovdiv? hou `meni ki`lɔmetəz [fa:] iz it

97

Правилно ли се движа
към Варна?
*Pràvilno li se dvìzha kəm
Vàrna?*

Am I on [taking] the right
road for Varna?
əm ai on [teikiŋ] ðə rait roud
fo: Va:na?
*ем ай он [тèйкин] дъ ràйт
ròуд фо вàрна.*

Как да стигна до Варна?
Колко часа път има
до Варна?
*Kak da stìgna do Vàrna?
Kòlko chàsa pət ìma
do Vàrna?*

How do I get to Varna?
How many hours will it take
to get to Varna?
hau du: ai get tə Va:na?
hau `meni auəz wil it teik tə
get tə Va:na?
*хàу ду ай гèт тъ вàрна?
хàу мèни àуəз уùл ит тèйк
тъ гèт тъ вàрна.*

Къде е най-близката
бензиностанция?
*Kədè e nài blìskata
benzinostàntsiya?*

Where [How far] is the
nearest filling station?
weə [hau fa:] iz ðə niərəst
filiŋ `steiʃn?
*уèъ [хàу фàа] из дъ
нùърəст фùлин стèйшън?*

Колко струва един литър
(бензин)?
*Kòlko strùva edìn lìtər
(benzìn)?*

How much is it a liter?
hau mʌtʃ iz it ə `li:tə?
хàу мъч ùз ит ъ лùйтъ?

Дайте ми 30 литра
<u>безоловен бензин</u> [дизелово
гориво].
*Dàite mi trìdeset lìtra
<u>bezolòven benzìn</u> [dìzelovo
gorìvo].*

Give me thirty liters of
<u>unleaded</u> [diesel].
gi:v mi `θə:ti `li:təz əf ʌn`ledid
[`di:zəl].
*гùв ми тъ̀:ти, лùйтъз ъф
ънлèдид [дùзъл].*

Напълнете резервоара.
Napълnète rezervoàra.

Fill it up.
fil it ʌp.
фùл ит ъп.

Проверете гумите.
Proverète gùmite.

Could you check the tires?
kuːd juː tʃek ðə ˈtaɪəz?
кỳуд ю чèк дъ тàйъз?

Спирачната течност наред ли е?
Spiràchnata tèchnost narèd li e?

Is the brake fluid OK?
iz ðə breik ˈfluːid ou ˈkei?
ùз дъ брèйк флỳид òу кèй?

Моля Ви, напомпете гумите [напълнете спирачна течност].
Mòlia vi, napòmpete gùmite [napълnete spiràchna tèchnost].

Could you put some air in the tires [top up the brake fluid]?
kuːd juː put sʌm ɛə in ðə ˈtaɪəz [top ʌp ðəm breik ˈfluːid]?
кỳуд ю пỳт съм èъ ин дъ тàйъз [тòп дъ брèйк флỳид]?

Колко струва комплект нови гуми [регулирането, поправката на двигателя]?
Kòlko strùva komplèkt nòvi gùmi [regulìraneto, popràvkata na dvigàtelia]?

How much is a set of new tires [tune-up]?
hau mʌtʃ iz ə set əf njuː ˈtaɪəz [tjuːn ʌp]?
хàу мъч из ъ сèт ъф ню тàйъз [тюун ъп]?

Имате ли чистачки [фарове]?
Ìmate li chistàchki [fàrove]?

Do you have wiper blades [headlamps]?
duː juː hæv ˈwaipə bleids [ˈhed, læmps]?
дỳу ю хèв уàйпъ блèйдс [хèд, лемпс]?

99

Чистачките ми са износени. *Chistàchkite mi sa iznòseni.*	My wiper blades are worn out. mai `waipə bleids a: wɔ:n aut. *мàй уàйпъ блейдс àа уòон àут.*
Колко далеч мога да стигна, ако не поправя това? Това сериозен проблем ли е? *Kòlko dalèch mòga da stìgna, akò ne popràvia tovà? Tovà seriòzen problèm li e?*	How far will I get if I don't fix this? Is it [the problem] serious? hau fa: wil ai get if ai dount fiks ðis? is it [ðə `prɔbləm] `siəriəs? *хàу фàа уùл ай ґèт иф ай дòунт фикс дùс? ùз ит [дъ прòблъм] сùъриъс?*
Колата ми се счупи {на две мили оттук}. Имам нужда от буксир. Ще ме теглите ли? *Kolàta mi se schùpi {na dve mìli ottùk}. Ìmam nùzhda ot buksìr. Shte me tèglite li?*	My car is broken down {two miles from here}. I need a tow. Can you give me a tow? mai ka: is `broukən daun {tu: mails frəm `hiə}. ai ni:d ə tou. kæn ju: giv mi ə tou? *мàй кàа из брòукън дàун {тỳу мàйлс фръм хùъ}. àй нùид ъ тòу. кèн ю ґив ми ъ тòу?*
Къде мога да поправя колата? *Kъdè mòga da popràvia kolàta?*	Where can I get the car fixed? wɛə kæn ai get ðə ka: `fikst? *уèъ кен ай ґèт дъ кàа фùкст?*
Колко ще трае ремонтът? *Kòlko shte tràe remòntъt?*	How long will repairs take? hau lɔŋ wil ri`pɛəz teik? *хàу лòн уùл рипеъз тèйк?*
Нямам <u>резервна гума</u>	I don't have <u>a spare tire</u> [any

100

[резервни части].
Nìamam rezèrvna gùma [rezèrvni chàsti].

spare parts].
ai dount hæv ə spɛə `taiə [`eni spɛə pa:ts].
ài dòunt хèв ъ спèъ тàйъ [èни спèъ пàатс].

Стана катастрофа.
Извикайте <u>полиция</u> [бърза помощ].
Stàna katastròfa. Izvìkaite <u>polìtsiya</u> [bɤ̀rza pòmosht].

There's been an accident.
Call <u>the police</u> [an ambulance].
ðɛəz bi:n ən `æksidənt. kɔl ðə pə`li:s [ən `æmbjuləns].
дèъз бùин ън èксидънт. кòл дъ пълùис [ън èмбюлънс].

<u>Аз съм</u> [той е, тя е] ранен (-а).
Не мога да се движа. Не мога да движа крака си.
<u>Az sɤm</u> [Tòi e, tià e] ranèn(-a). Ne mòga da se dvìzha. Ne mòga da dvìzha krakà si.

<u>I'm</u> [He's, She's] hurt. I can't move. I can't move my leg.
aim [hiz, ʃiz] hʌ:t. ai kænt mu:v. ai kænt mu:v mai leg.
àйм [хиз, шиз] хъът. ай кèнт мỳув. ай кент мỳув май лèг.

Не го местете. Нека да чакаме <u>полицията</u> [бърза помощ].
Ne go mestète. Nèka da chàkame <u>polìtsiyata</u> [bɤ̀rza pòmosht].

Don't move him. Let's wait for the <u>police</u> [ambulance].
dount mu:v him. lets weit fo: ðə pə`li:s [`æmbjuləns].
дòунт мỳув хим. лèтс уèйт фо дъ пълùис [èмбюлънс].

КОЛОЕЗДЕНЕ – BICYCLING

Аз съм ентусиазиран велосипедист. Как мога да се свържа с други любители на колоезденето?
Az sɤm entusiaziran

I'm a cycling enthusiast.
How can I connect with other cyclers?
aim ə `saikliŋ in`θju:ziæst.
hau kæn ai kə`nekt wið `ʌðə

velosipedìst. Kak mòga da se svèrzha s drùgi liubìteli na koloèzdeneto?

`saikləs?
àйм сàйклин интю̀зиест.
хàу кèн ай кънèкт уид àдъ сàйклъ̀з?

Искаме да наемем велосипед. Къде можем да намерим <u>катерач</u> [бегач]?
Ìskame da naètem velosipèd. Kədè mòzhem da namèrim <u>kateràch</u> [begàch]?

We'd like to rent bicycles. Where can we rent <u>mountain</u> [touring] bikes?
wid laik tə rent `baisikəls. wɛə kæn wi rent `mauntin [tuəriŋ] baiks?
уѝд лàйк тъ рèнт бàйсикълс уеъ̀ кен уи рèнт мàунтин [тỳърин] бàйкс?

Искам да купя <u>нова гума</u> [вътрешна гума, шлем]. Има ли магазин за велосипеди наблизо?
Ìskam da kùpia <u>nòva gùma</u> [vətreshna gùma, shlem]. Ima li magazìn za velosipèdi nablìzo?

I need to buy <u>a new tire</u> [an inner tube, a helmet]. Is there a bicycle-shop nearby?
ai ni:d tə bai ə nju: `taiə [ən `inə tju:b, ə `helmit]. is ðɛə ə `baisikəl-`ʃɔp `niəbai?
àй нѝид тъ бàй ъ ню̀у тàйъ [ън ѝнъ тю̀уб, ъ хèлмит].
из дèъ ъ бàйсикъл шòп нѝъбай?

КРАТКИ ВЪПРОСИ – SHORT QUESTIONS
Главата е озвучена в звукозаписа.

Въпросителните изречения в английския език се образуват по различни начини (вж. глава "Английска граматика. Въпросителни изречения"). По-долу се изброяват кратки въпроси, които можете да използвате в разговорната реч, като спазвате интонацията.

Какво? *Kakvò?*	What? wɔt
Къде? *Kъdè?*	Where? wɛə
Кога? *Kogà?*	When? wen
Кой? Коя? Кое? Кои? *Kòi? Koyà? Koè? Koì?*	Who? hu:
Чий? Чия? Чие? Чии? *Chìi? Chiyà? Chè? Chìi?*	Whose? ˈhu:z
Защо? *Zashtò?*	Why? wai
Как? По какъв начин? *Kak? Po kakèv nàchin?*	How? hau
Колко? *Kòlko?*	How many? (How much?) hau ˈmeni (hau mʌtʃ)
Колко далече? На какво разстояние? *Kòlko dalèche? Na kakvò razstoyànie?*	How far? hau fa:
Колко скоро? След колко време? *Kòlko skòro? Sled kòlko vrème?*	How soon? hau su:n
Този ли? Тази ли? Това ли? *Tòzi li? Tàzi li? Tovà li?*	This one? ðis wʌn
В колко часа? *V kòlko chasà?*	At what time? at wɔt taim
Вашето име? *Vàsheto ìme?*	Your name? jo: neim
Вашият адрес? *Vàshiyat adrès?*	Your address? jo: əˈdres

103

Какво е това? *Kakvò e tovà?*	What's this? wɔts ðis
Какво е онова? *Kakvò e onovà?*	What's that? wɔts ðæt
Кой сте Вие? *Kòi ste vìe?*	Who are you? hu: a: ju:
Какво искате? *Kakvò ìskate?*	What do you want? wɔt du: ju: wɔnt
Какво бихте желал (-а,-и)? *Kakvò bìhte zhelàl (-a, -i)?*	What would you like? wɔt wud ju: laik
Можете ли? Умеете ли? *Mòzhete li? Umèete li?*	Can you? kæn ju:
Мога ли? Ще ми позволите ли? *Mòga li?* *Shte mi pozvolìte li?*	May I? mei ai
Готов (-а,-и) ли си (сте)? *Gotòv (-a, -i) li si (ste)?*	Ready? ˈredi
Защо не? *Zashtò ne?*	Why not? wai not
Това мое ли е? *Tovà mòe li e?*	Is this mine? iz ðis main
Това твое ли е? *Tovà tvòe li e?*	Is this yours? iz ðis jo:z
На кого (чие) е това? *Na kogò (chiè) e tovà?*	Whose is it? ˈhu:z iz it
Знаеш ли? Знаете ли? *Znàesh li? Znàete li?*	Do you know? du: ju: nou
Познавате ли го? *Poznàvate li go?*	Do you know him? du: ju: nou him
Разбираш ли? Разбирате ли? *Razbìrash li? Razbìrate li?*	Do you understand? du: ju: ˈəndəsˈtænd?

Искаш ли? Искате ли? *Ìskash li? Ìskate li?*	Do you want? [Do you want one?] du: ju: wɔnt [du: ju: wɔnt wʌn]
Имаш ли? Имате ли? *Ìmash li? Ìmate li?*	Do you have? [Do you have one?] du: ju: hæv [du: ju: hæv wʌn]

КРАТКИ ОТГОВОРИ – SHORT ANSWERS
Главата е озвучена в звукозаписа.

Да. *Da.*	Yes. jes
Не. *Ne.*	No. nou
Може би. *Mòzhe bi.*	Perhaps/Maybe. meibi
Това. *Tovà.*	This one. ðis wʌn
Онова. *Onovà.*	That one. ðæt wʌn
Онова оттатък. *Onovà ottàtək.*	That one over there. ðæt wʌn ˈouvə ðɛə
Добре. *Dobrè.*	All right. ɔ: l rait
Правилно, така е. *Pràvilno, takà e.*	That's right. ðæts rait
Аз мисля така. (Мисля, че е така.) *Az mìslia takà. (Mìslia, che e takà.)*	I think so. ai θiŋk sou
Не мисля така. *Ne mìslia takà.*	I don't think so. ai dount θiŋk sou

Още не.	Not yet.
Òshte ne.	not jet
Знам.	I know.
Znam.	ai nou
Не знам.	I don't know.
Ne znam.	ai `dount nou
Има, намира се.	Yes, there is.
Ìma, namìra se.	jes ðɛə iz
Има, намират се.	Yes, there are.
Ìma, namìrat se.	jes ðɛə a:
Имам.	I have.
Ìmam.	ai hæv
Няма, не се намира.	No, there isn't.
Nìama, ne se namìra.	nou ðɛə iznt
Няма, не се намират.	No, there aren't.
Nìama, ne se namìrat.	nou ðɛə a:nt
Нямам.	I don't have.
Nìamam.	ai dont hæv
Мога.	I can.
Mòga.	ai kæn
Не мога.	I can't.
Ne mòga.	ai kænt [ai `ka:nt – Br.]
Приятно ми е.	I am glad.
Priyàtno mi e.	ai əm glæd
Разбирам.	I understand.
Razbìram.	ai `ɔndəst`ænd
Не разбирам.	I don't understand.
Ne razbìram.	ai dount `ɔndəstænd.
Искам това.	I want this.
Ìskam tovà.	ai wɔnt ðis

Не искам това. *Ne ìskam tovà.*	I don't want this. ai dount wɔnt ðis
Харесвам това. *Harèsvam tovà.*	I like this. [I like this one.] ai laik ðs [ai laik ðis wʌn]
Не харесвам това. *Ne harèsvam tovà.*	I don't like this. [I don't like this one.] ai dount laik ðis. [ai dount laik ðis wʌn.]
Това е добре. *Tovà e dobrè.*	This is good. ðis iz gu:d.
Това не е добре. *Tovà ne e dobrè.*	This is not good. ðis iz not gu:d.
Това е лошо. *Tovà e lòsho.*	This is bad. ðis iz bæd.
Това е същото. *Tovà e sùshtoto.*	This is the same. ðis iz ðə seim.
Всичко е наред. *Vsìchko e narèd.*	Everything is all right. `evriθiŋ iz `ɔl rait
Това е опасно. *Tovà e opàsno.*	It's dangerous. its `deindʒərəz
Зает (-а) съм. *Zaèt (-a) sъm.*	I am busy. [I'm busy.] ai əm bizi. [`aim bizi.]
Бързам. *Bъ̀rzam.*	I am in a hurry. I'm in a {bit of a} hurry ai əm in ə `hʌri. aim in ə {bit əf ə} `hʌri.

КРИТИЧНИ СИТУАЦИИ – EMERGENCIES

Помощ! [Нуждая се от малко помощ.] *Pòmosht! [Nuzhdàya se ot màlko pòmosht.]*	Help! [I need some help.] help! [ai ni:d sʌm help.] *хèлп! [ài нùид съм хèлп.]*

107

Пожар! [Сградата гори.]
Pozhàr! [Zgràdata gorì.]

Fire! [The building is on fire!]
`faiə! [ðə `bildiŋ iz on `faiə.]
фа̀йъ [дъ бѝлдин из он фа̀йъ]

Извикайте лекар!
Izvìkaite lèkar!

Call a doctor!
kɔ:l ə `dɔktə!
ко̀ол ъ до̀ктъ!

Извикайте "Бърза помощ"!
Izvìkaite "Bèrza pòmosht"!

Call {for} an ambulance!
kɔ:l {fo:} ən `æmbjuləns!
ко̀л {фо} ън ѐмбюлънс!

Извикайте полиция!
Izvìkaite polìtsiya!

Call [Get] the police!
kɔ:l [get] ðə pə`li:s!
ко̀л [гет] дъ пълѝйс!

Къде е най-близката болница [клиника, най-близкият полицейски участък]?
Kъdè e nài blìzkata bòlnitsa [klìnika, nài blìzkiyat politsèiski uchàstək]?

Where's the nearest hospital [clinic, police station]?
wɛəz ðə `niərəst `hɔspitəl [`klinik, pə`li:s `steiʃn]?
уѐъз дъ нѝъръст хо̀спитъл [клѝник, пълѝис стѐйшън]?

Изгубих си кредитните карти [портфейла].
Izgùbih si krèditnite kàrti [portfèila].

I've lost my credit cards [wallet].
aiv lost mai `kredit ka:ds [wɔlit]
а̀йв лост май крѐдит ка̀адс [уо̀лит].

Детето ми се изгуби. (Няма го вече 24 часа.)
Detèto mi se izgùbi. (Nìama go vèche dvàdeset i chètiri chàsa.)

My child is missing [has been missing for 24 hours].
mai tʃaild iz misiŋ [hæz bi:n misiŋ fo: twenti fo: `auəz].
ма̀й ча̀йлд из мѝсин [хѐз бѝин мѝсин фо тѐунти фо̀ а̀уъз].

Откраднаха ми <u>паспорта</u> [портфейла].
Otkràdnaha mi paspòrta [portfèila].

My <u>passport</u> [billfold] has been stolen.
mai pa:spo:t [`bilfəld] haz bi:n `stoulən.
майпàаспоот [бùлфолд] хез бùин стòулън.

Изгубих си <u>билета</u> [ключа, портфейла].
Izgùbih si bilèta [kliuchà, portfèila].

I've forgotten my <u>ticket</u> [key, wallet].
aiv fə`gɔtn mai `tikit [ki:, `wɔlit].
àйв фъгòтн мàй тùкит [кùи, уòлит].

КЪМПИНГ – CAMPING

Търсим къмпинг.
Tỳrsim kèmping.

We're looking for a <u>campsite</u> [{good} place to camp].
`wiə: lu:kiŋ fo: ə kæmp. sait [{gu:d} pleis tə kæmp].
уù àа лỳукин фо ъ кèмпсайт [{гỳуд} плèйс тъ кèмп].

Къде можем да намерим палатка?
Kъdè mòzhem da namèrim palàtka?

Where can we rent a tent?
wɛə kæn wi rent ə tent?
уèъ кèн уù рèнт ъ тèнт?

Има ли място наблизо, където можем да се нахраним?
Ìma li miàsto nablìzo, kъdèto mòzhem da se nahrànim?

Is there a place nearby where we can get some food?
iz ðeə ə pleis `niə`bai wɛə wi kæn get sʌm fu:d?
ùз дèъ ъ плèйс нùъбай уèъ уù кен гèт съм фỳуд?

Къде е тоалетната? *Kъdè e toalètnata?*	Where is the WC [washroom, toilet]? wɛə iz ðə vi: ci: [`wɔʃru:m, `toilit]? *уеъ из дъ вùù сùù [уòшрỳум, тòйлит]?*
Има ли пералня тук? *Ìma li peràlnia tuk?*	Are there laundry facilities? a: ðɛə `lɔ:ndri fə`silitis? *àа дèъ лòондри фъсùлитис?*
Водата може ли да се пие? *Vodàta mòzhe li da se pìe?*	Is the water safe to drink? iz ðə `wɔtə seif tə driŋk? *из дъ уòтъ сèйф тъ дрùнк?*
Има ли изворна вода край пътя? *Ìma li ìzvorna vodà krài pàtia?*	Is there spring water along the path? iz ðɛə spriŋ `wɔtə `əlɔŋ ðə pæθ? *из дèъ сприн уòтъ ълòн дъ пàт?*
Колко струва една нощ? *Kòlko strùva ednà nosht?*	How much is the camping fee {per night}? hau mʌtʃ iz ðə `kæmpiŋ fi: {pə: nait}? *хàу мъч из дъ кèмпин фùи {пъ̀ нàйт}?*

ЛЕКАР – DOCTOR

Имам нужда от лекар [кожен лекар; лекар, който лекува чрез оправяне на гръбначния стълб]. *Ìmam nùzhda ot lèkar [kòzhen lèkar; lèkar, kòito lekùva chrez opràviane na grъbnàchniya stъlb].*	I need {to see} a doctor [skin specialist, chiropractor]. ai ni:d {tə si:} ə `dɔktə [skin `speʃəlist, `kairə præktə]. *àй нùид {тъ сùи} ъ дòктъ [скин спешъ̀лист, кàйръпрекtъ].*

110

Сткарайте ме в болницата. *Otkàraite me v bòlnicata.*	<u>Take me</u> [I need to go] to the hospital. teik mi [ai ni:d tə gou] tə ðə `hɔspitəl. *тѐйк ми [ай нииид тъ гòу] тъ дъ хòспитъл.*
Къде е най-близката болница (където мога да се ваксинирам против тетанус, да си сменя превръзките)? *Kъdè e nài blìzkata bòlnitsa (kъdèto mòga da se vaksinìram protìv tètanus, da si smenià prevrъ̀zkite)?*	Where <u>is the nearest clinic</u> [can I get a tetanus shot, can I get this bandage changed]? wɛə iz ðə `niərəst klinik [kæn ai get ə `tetənəs ʃɔt, kæn ai get ðis `bændidʒ tʃeindʒd]? *уѐъ из дъ нѝъръст клѝник [кен ай гет ъ тѐтънъс шот, кен ай гет дис бѐндидж чѐйндж]?*
Какво Ви безпокои? *Kakvò vi bespokoì?*	What's the trouble? What can I do for you? wɔts ðə trʌbəl? wɔt kæn ai du: fo: ju:? *уòтс дъ трѐбъл? уòт кен ай дỳу фòо ю?*
Имам... *Imam...*	I have... ai hæv... *ай хев...*
кашлица *kàshlitsa*	a cough ə kɔf *ъ кòф*
главоболие *glavobòlie*	a headache ə `hedeik *ъ хѐдейк*
стомашно разстройство *stomàshno razstròistvo*	an upset stomach ən `ʌpset `stʌmək *ън ъ̀псет стъ̀мък*

111

хрема.
hrèma.

a head cold
ə `hed `kould
ъ *хèд кòулд*

Имам болки...
Ìmam bòlki...

в стомаха
v stomàha

My stomach hurts.
mai `stʌmək hə:ts.
май стèмък хъътс.

в гърдите
v gərdìte

I have chest pains.
ai hæv tʃest peins.
àй хев чèст пèйнс.

в гърба
v gərbà

I've got a [some] pain in my back.
aiv got ə [sʌm] pein in mai bæk.
àйв гòт ъ [съм] пèйн ин май бèк.

Мисля, че си навехнах [счупих] крака.
Mìslia, che si navèhnah [schùpih] krakà.

I think I sprained [broke] my leg.
ai θiŋk ai `spreind [brouk] mai leg.
àй тинг ай спрèйнд [брòук] май лèг.

Нещо ми влезе в окото.
Nèshto mi vlèze v okòto.

Something got me in the eye.
`sʌmθiŋ got mi in ði ai.
сèмтин гòт ми ин ди àй.

Нямам апетит.
Nìamam apetìt.

I've [I] lost my appetite. [I don't feel like eating.]
aiv [ai] lost mai `æpitait.
[ai dount fi:l laik i:tiŋ.]
àйв [àй] лòст май èпитайт [ай дòунт фùйл лайк ùйтин.]

Чувствате ли болка? Къде е болката? Покажете ми. *Chùvstvate li bòlka? Kъde e bòlkata? Pokazhète mi.*	Do you feel pain? Where is the pain? Show me. du: ju: fi:l pein? wɛə iz ðə pein? ʃou mi. *дỳ ю фùил пèйн? уèъ из дъ пèйн? шòу ми.*
Ще ви измеря температурата. Имате лека температура. *Shte vi izmèria temperatùrata. Ìmate lèka temperatùra.*	Let me take your temperature. You have a slight fever. let mi teik jo: ˋtemprətʃə. ju: hæv ə slait ˋfi:və. *лет ми тèйк йо тèмперъчъ. ю хев ъ слàйт фùйвъ.*
Съблечете се до кръста. Съблечете си ризата, ако обичате. *Sъblechète se do krъsta. Sъblechète si rizata, akò obìchate.*	Strip to the waist. Please take off your shirt. pli:z teik of jo: ʃə:t. *стрùп тъ дъ уèйст. плùиз тèйк òфъ йо шъ̀т.*
Вдишайте дълбоко. Задръжте въздуха за момент. *Vdìchaite dъlbòko. Zadrъ̀zhte vъ̀zduha za momènt.*	Take a deep breath. Hold your breath for a moment. teik ə di:p breθ. hould jo: breθ fo: əˋmoumənt. *тèйк ъ дùип брет. хòулд йо брèт фо ъ мòумънт.*
Покажете езика. *Pokazhète ezìka.*	Let me see your tongue. let mi si: jo: tʌŋ. *лèт ми сùи йо тъ̀н.*
Отворете устата. *Otvorète ustàta.*	Open your mouth. ˋoupən jo: mauθ. *òупън йо мàут.*
Боли ли тук? Къде боли? *Bolì li tuk? Kъdè bolì?*	Does it hurt here? Where does it hurt? dʌz it hə:t hiə? wɛə dʌz it hə:t? *дъ̀з ит хъ̀ът хùъ? уèъ дъз ит хъ̀ът?*

Най-добре е да останете в леглото (вкъщи) за няколко дни. Nài dobrè e da ostànete v leglòto (vkъshti) za niàkolko dni.	You'd better stay in bed [inside for] a few days. ju:d `betə stei in bed [insaid fo:] ə fju: deiz. юуд бетъ стѐй ин бѐд [ѝнсайд фо̀о] ъ фю̀у дѐйз.
Каква е диагнозата, докторе? Kakvà e diagnòzata, dòktore?	What's the diagnosis, doctor? wɔts ðə daiə`gnousis, `dɔktə? уо̀тс дъ да̀йъгно̀зис до̀ктъ?
Заразно (сериозно) ли е? Zaràzno (seriòzno) li e?	Is it contagious [serious]? iz it kən`teidʒəs [`siəriəz]? ѝз ит кънтѐйджъс [сѝъриъз]?
Трябва да Ви изпратя в болницата (в клиниката за допълнителни изследвания). Triànva da vi izpràtia v bòlnitsata (v klìnikata za dopъlnìtelni ìzsledvaniya).	I'll have to send you to the hospital [clinic for further tests]. ail hæv tə send ju: tə ðə `hɔspitəl [klinik fo: `fə:ðə tests]. а̀йл хѐв тъ сѐнд ю тъ дъ хо̀спитъл [клѝник фо фъ̀ъдъ тестс].
Имате температура. Ìmate temperatùra.	You have a temperature. ju hæv ə `temprətʃə. ю хѐв ъ тѐмпръчъ.
Кръвното Ви налягане е високо [ниско]. Krъ̀vnoto vi naliàgane e visòko [nìsko].	You're blood-pressure is high [low]. jo: blʌd `preʃə iz hai [lou]. йо̀ блъд прѐшъ из ха̀й [ло̀у].
Какво е лекарството, което ми предписвате? Kakvò e lekàrstvoto, koèto mi predpìsvate?	What is this medication you're putting me on? [What are you giving me?] wɔt iz ðə . medi`keiʃən ju:ə `putiŋ mi on?

	уот из дъ мѐдикѐйшън ю àа пу̀тин ми ѐн?[уо̀т àа ю гѝвин ми?] [wɔt a: ju: giviŋ mi?]
Ето Вашата рецепта. Вземайте по две таблетки на шест часа. *Eto vàshata retsèpta. Vzèmaite po dve tablètki na shest chàsa.*	Here's your prescription. Take two tablets every six hours. hiəz jo: pri`skripʃən. teik tu: `tæblits `evri siks `auəz. *хѝъз йо̀ прискрѝпшън. тѐйк ту̀у тѐблитс ѐври сѝкс àуъз.*
Трябва ли да пазя диета? *Triàbva li da pàzia dièta?*	Do I need to keep a diet? du: ai ni:d tə ki:p ə `daiət? *ду̀ ай нѝид тъ кѝип ъ дàйът?*
Препорчвам Ви по-малко <u>холестерин</u> [повече зеленчуци и плодове]. *Preporu̇chvam vi pò màlko holesterìn [pòveche zelenchùtsi i plodovè].*	I recommend you eat <u>less cholesterol</u> [more vegetables and fruits]. ai ,rekəmend ju: i:t les kə`lestərol [mɔ: `vedʒitəbəls ænd fru:ts]. *ай рѐкъмѐнд ю ѝит лѐс кълѐстърол [мо̀ вѐджитъбълс ънд фру̀утс].*
Ако инфекцията не стихне след три дни, елате в клиниката или ми се обадете по телефона. *Akò infèktsiyata ne stìhne sled tri dni, elàte v klìnikata ili mi se obadète po telefòna.*	If your infection doesn't clear up in three days, come back to the clinic or call me. if jo: in`fekʃən dʌznt kliə ʌp in θri: deis, kʌm bæk tə ðə `klinik o: kɔl mi. *иф йо̀о инфѐкшън дъзнт клѝъ ѐп ин трѝи дѐйс къ̀м бек тъ дъ клѝник о ко̀л ми.*

Колко Ви дължа? *Kòlko vi dəlzhà?*	How much do I owe {you}? hau mʌtʃ du: ai ou {ju:}? *хàу мъч ду ай òу {ю}?*

ЛИЧНИ ДАННИ – PERSONAL DETAILS
Главата е озвучена в звукозаписа.

Казвам се... *Kàzvam se...*	My name is... mai neim iz...
Аз съм <u>българин (българка)</u> [от Щатите, британец съм]. *Az səm bə̀lgarin (bə̀lgarka - f.) [ot Shtàtite, britànets səm].*	I'm <u>Bulgarian</u> [from the states, British]. aim bʌl`geəriən [ftom ðə steits, `britiʃ].
Моят адрес е... *Mòyat adrès e...*	My home address is ... I live at .... mai `houm ə`dres iz... ai liv æt...
Аз съм от България. *As səm ot Bəlgàrïya.*	I am from Bulgaria. ai əm from bʌl`geəriə.
Живея в София. *Zhivèya v Sòfïya.*	<u>I live</u> [I'm living, I've been living] in Sofia. ai liv [aim liviŋ, aiv bi:n liviŋ] in `soufiə.
Номерът на паспорта ми [на шофьорската ми книжка] е 123-456789 *Nòmerət na paspòrta mi [na shofïòrskata mi knìzhka] e ednò, dve, tri, chètiri, pet, shest, sèdem, òsem, dèvet.*	My <u>passport</u> [driving license] number is 123-456789. mai `pa:spɔ:t [`draiviŋ `laisəns] `mʌmbə iz wʌn, tu:, θri:, fɔ:, faiv, siks, sevn, eit, nain.
Моята кръвна група е АБ. *Mòyata krə̀vna grùpa e AB.*	My blood group is AB. mai blʌd gru:p iz ei bi:.
Работя в офис. *Rabòtia v òfïs.*	I work in an office. ai wə:k in ən `ɔfis.

Аз съм секретарка (бизнесмен, работник).
As sǎm sekretàrka (bìznesmen, ràbòtnik).

I'm a <u>secretary</u> [businessman, factory worker].
aim ə `sekritəri [`biznismən, `fæktəri `wə:kə].

Тук съм <u>на почивка</u> [по работа]. Дошъл съм да се видя с приятели.
Tuk sǎm na pochìvka [po ràbota]. Doshǎl sǎm da se vìdia s priyàteli.

I'm here on <u>holiday</u> [business]. I'm here to see friends.
aim hiə on `holidei [`biznis].
aim hiə tə si: frends.

Ние сме четирима.
Nìe sme chetirìma.

There are four of us.
ðeə a: fɔ: əf ʌs.

Моята дъщеря е на 6 години.
Mòyata dǎshterià e na shest godìni.

My daughter is six.
mai `dɔ:tə iz siks.

Аз съм на 40 години.
As sǎm na chetirìdeset godìini.

I am forty {years old}.
ai əm fɔ:ti {jiəz `ould}.

ЛИЧНИ ОТНОШЕНИЯ – PERSONAL RELATIONS

Заето ли е? (мястото)
Може ли да седна при Вас?
Zaèto li e? (miàstoto)
Mòzhe li da sèdna pri vas?

Is this place <u>taken</u> [reserved]?
Can I join you?
iz ðis pleis teikən [ri`zə:vd]?
kæn ai dʒɔin ju:?
ѝз дис плѐйс тѐйкън [ризъ̀ъвд]? кѐн ай джо̀йн ю?

Може ли да Ви поканя?
Mòzhe li da vi pokània?

Might I invite you over {to join me}?
mait ai in`vait ju: `ouvə {tə `dʒɔin mi}?
мàйт ай инвàйт ю о̀увъ {тъ джо̀йн ми}?

117

Ще пием ли по нещо?
Shte pìem li po nèshto?

Shall we have a drink?
ʃæl wi: hæv ə driŋk?
шèл уй хèв ъ дрùнк?

Може ли да Ви поканя
на вечеря [у дома]?
*Mòzhe li da vi pokània
na vechèria [u domà]?*

Might I invite you to lunch
[over to my place]?
mait ai in`vait ju: tə lʌntʃ
[`ouvə tə mai pleis]?
*мàйт ай инвàйт ю тъ
лънч [òувъ тъ май плèйс]?*

Искате ли да танцувате?
Може ли да Ви поканя?
*Ìskate li da tantsùvate?
Mòzhe li da vi pokània?*

Would [Do] you like to dance?
Can I have this dance?
wud [du:] ju: laik tə dæns?
kæn ai hæv ðis dæns?
*ỳуд [дỳу] ю лàйк тъ дèнс?
кèн ай хèв дис дèнс?*

Имате ли нещо против
да Ви изпратя?
*Ìmate li nèshto protìv da
vi ispràtia?*

Can I offer to take you home?
kæn ai `ɔfə tə teik ju: `houm?
*кèн ай òфъ тъ тейк ю
хòум?*

Може ли да Ви видя отново?
Mòzhe li da vi vìdia otnòvo?

Might I see you again?
mait ai si: ju: ə`gein?
мàйт ай сùи ю ъгèйн?

Искате ли да прекараме заедно уикенда [повече време]?
Ìskate li da prekàrame zàedno uìkenda [pòveche vrème]?

Would you like to spend the
weekend [more time] together?
wud ju: laik tə spend ðə
wi:kend [mɔ: taim] tə`geðə?
*ỳуд ю лàйк тъ спенд дъ
уùкенд [моо таим] тъгèдъ?*

Бих искал (-а) да те (Ви) представя на моето семейство [на моите приятели].
*Bih ìskal (-a) da te (vi)
predstàvia na mòeto semèistvo
[na mòite priyàteli].*

I'd like to introduce you to
my family [friends].
aid laik tə ˌintrə`dju:s ju: tə
mai `fæmili [frends].
*àйд лàйк тъ ùнтръдю̀ус ю
тъ мàй фèмили [фрèндс].*

Разбираш ли се с тях [с него]?	Do you get along with them [him] OK?
Razbìrash li se s tiàh [nègo]?	du: ju: get ələŋ with ðem [him] `ou`kei?
	*дỳ ю гѐт ълòн уѝд дем [хим] ò*у *кѐй?*
Как се погаждаш (разбираш) със своето семейство?	How do you get along with your family?
Kak se pogàzhdash (razbìrash) sъs svòeto semèistvo?	hau du: ju: get ələŋ wið jo: `fæmili?
	хàу ду ю гѐт ълòн уид йò фèмили?
<u>Обичам те</u> [харесвам те].	I <u>love</u> [like, care about] you.
Искам да прекараме повече време заедно.	I'd like {us} to spend more time together.
Obìcham te [harèsvam te].	ai lʌv [laik, keə ə`baut] ju:.
Ìskam da prekàrame pòveche vrème zàedno.	aid laik {ʌs} tə spend mo: taim tə`geðə.
	ай лъв [лàйк, кѐъ ъбàут] ю.
	àйд лàйк {ъ̀с} тъ спенд мòо тайм тъгèдъ.
Искам да спя с теб.	I'd like to sleep with you.
Искаш ли да правим любов (секс)?	Do you want to <u>make love</u> [have sex]?
Ìskam da spià s teb.	aid laik tə sli:p wið ju:
Ìskash li da pràvim liùbov (seks)?	du: ju: wɔnt tə meik lʌv [hæv seks]?
	àйд лàйк тъ слùùп уид ю.
	дỳ ю лàйк тъ мèйк лъв [хев секс]?
По-скоро не.	I'd rather not.
Pò skòro ne.	aid raðə not.
	àйд ра̀дъ но̀т.
Бих искал (-а).	I'd like to.
Bih ìskal (-a – fem.).	aid laik tə.
	àйд лàйк тъ.

Не мислиш ли, че трябва малко да намалим скоростта (да не се задълбочаваме толкова)?
Ne mìslish li, che triàbva màlko da namalìm skorosttà (da ne se zadəlbochàvame tòlkova)?

Don't you think we should slow?
dount ju: θiŋk wi: ʃu:d `slou?
дòунд ю тѝнк уѝ шуд слòу?

Вземаш ли <u>предпазни мерки</u> [таблетки]? Имаме ли презервативи?
Vzèmash li predpàzni mèrki [tablètki]? Ìmame li prezervatìvi?

Are you <u>taking precautions</u> [on the pill]? Do we have condoms?
a: ju: teikiŋ pri`kɔ:ʃəns [on ðə pil]? du: wi: hæv `kɔndəms?
àa ю тèйкин прикòошънс [он дъ пѝл]? дỳ уѝ хев кòндъмс?

Страхувам се от <u>СПИН</u> [венерически болести]. Проверяван (-а) ли си? [Правен ли ти е тест?]
Strahùvam se ot SPIN [venerìcheski bòlesti]. Proveriàvan (-a) li si? [Pràven li ti e test?]

I'm worried about <u>AIDs</u> [venereal disease]. Have you been tested?
aim `wʌrid ə`baut eids [ve`niəriəl di`zı:z]. hæv ju: bi:n `testid?
àйм уòрид ъбàут èйдс [венѝъриъл дизѝйз]. хèв ю бѝин тèстид?

Ще се омъжиш ли за мен?
Shte se omèzhish li za men?

Will you marry me?
wil ju: meri mi:?
уѝл ю мèри мѝ?

Бихме могли да живеем заедно без брак.
Bìhme moglì da zhivèem zàedno bez brak.

We could live together without getting married.
wi: ku:d liv tə`geðə wi`ðaut getiŋ `merid.
уѝ куд лив тъгèдъ уидàут гèтин мèрид.

Бракът е единствено възможният начин да получиш гражданство в моята страна. *Bràkət e edìnstveno vəzmòzhniyat nàchin da polùchish gràzhdanstvo v mòyata stranà.*	Marriage is the only way to get citizenship in my country. mærɪdʒ iz ði ˋounli wei tə get ˋsitizənʃip in mai ˋkʌntri. *мѐридж из ди о̀нли уѐй тъ гет сѝтизъншип ин май къ̀нтри.*
Искам да се <u>омъжа</u> [оженя], за да получа гражданство. *Ìskam da se omèzha [ozhènia], za da polùcha gràzhdanstvo.*	I want to get married in order to receive a citizenship. ai wɔnt tə get ˋmerid in ˋo:də tə risi:v ə sitizənʃip. *ай уо̀нт тъ гет мѐрид ин о̀дъ тъ рисѝйв ъ сѝтизъншип.*
Искам да се <u>омъжа</u> [оженя] по любов. *Ìskam da se omèzha [ozhènia] po liubòv.*	I want to get married for love. ai wɔnt tə get merid fə lʌv. *ай уо̀нт тъ гет мѐрид фъ лъв*
Нека да живеем заедно. *Nèka da zhivèem zàedno.*	Let's live together. lets liv tə`geðə. *летс лив тъгѐдъ.*
Бременна съм. *Brèmenna səm.*	I'm pregnant. aim ˋpregnənt. *айм прѐгнънт.*
Щастлив (-а) съм. *Shtastlìv (-a) səm.*	I'm happy. aim ˋhepi. *айм хѐпи.*
Имаме бебе. *Ìmame bèbe.*	We have a baby. wi: hæv ə ˋbeibi. *уѝ хев ъ бѐйби.*

121

Не мога да имам деца. | I can't have children.
Ne mòga da ìmam detsà. | ai kænt hæv `tʃildrən.
| *ай кент хев чѝлдрън.*

Искаш ли да осиновим дете? | Would you like to adopt a child?
Ìskash li da osinovìm detè? | wu:d ju: laik tə ə`dopt ə `tʃaild?
| *ỳуд ю лайк тъ ъдòпт ъ чайлд?*

МЕРКИ ЗА ТЕЖЕСТ И ДЪЛЖИНА – MEASUREMENTS (WEIGHT, LENGHT)

Български	унция	фунт	грам g	кило- грам kg	тон t
English	ounce Oz	pound Lb	gram	kilogram	tonne
1 ounce			28,3		
1 pound	16		454	0,45	
1 gram	0,035				
1 kilogram		2,2	1000		
1 tonne		2204,6		1000	

Български	инч	фут	ярд	миля	санти-метър	метър	кило-метър
					cm	m	km
English	inch	foot	yard	mile	centi-metre	metre	kilo-metre
	In	Ft					
1 inch					2,54		
1 foot	12				30,5	0,3	
1 yard	36	3			91	0,9	
1 mile			1760			1609	1,6
1 cm	0,39						
1 metre	39,4	3,28	1,09		100		
1 km			1094	0,6		1000	

МИТНИЦА, ПАСПОРТИ – CUSTOMS AND PASSPORTS

Вашият паспорт (ресистрация, документите), моля.
Vashiyàt paspòrt (registràtsiya, dokumèntite), mòlya.

Your passport [registration, documents], please.
jo: `pa:spɔ:rt [, redʒistreiʃən, `dɔkjumənts], pli:z.
йо пàспоот [реджистрèйшън, дòкюмънтс], плùиз.

Искам да видя паспорта ви.
Ìskam da vìdia paspòrta vi.

I need to see your passport.
ai ni:d tə si: jo: `pa:spɔ:rt.
ай нùид тъ сùи йòо пàспоот.

Имам дипломатически паспорт [бизнес в България, двойно гражданство].
Ìmam diplomatìcheski

I have a diplomatic passport [business in Bulgaria, dual citizenship].
ai hæv ə `dipləmætik `pa:spɔ:rt

paspòrt [bìznɛs v Bʌlgàriya, dvòino gràzhdanstvo].

[`biznis in bʌl`geəriə, `djuəl `sitizənʃip].
ай хев ъ дùплъмèтик пàспоот [бùзнис ин бългèъриъ, дỳъл сùтизъншип].

Имам транзитна [многократна входна] **виза.**
Ìmam tranzìtna [mnogokràtna vhòdna] vìza.

I have a <u>transit</u> [multiple entry] visa.
ai hæv ə `trænzit [`mʌltipəl `entri] `vi:zə.
ай хев ъ трèнзит [мỳлтипъл èнтри] вùизъ.

Искам да удължа визата си.
Ìskam da udʌlzhɛ̀ vìzata si.

I'd like to have my visa extended. [I wish to extend my visa.]
aid laik tə hæv mai `vi:zə iks`tendid. [ai wiʃ tə iks`tend mai `vi:zə.]
айд лайк тъ хев май вùизъ икстèндид [ай уùш тъ икстèнд май вùизъ.]

Каква е целта на Вашето пътуване? Бизнес [лична, посещение на роднини]?
Kakvà e tseltà na vàsheto pʌtùvane? Bìznes [lìchna, poseshtènie na rodnìni]?

What is the purpose of your trip? <u>Business</u> [Personal, Visiting family].
wɔt iz ðə `pə:pəs əf jo: trip? `biznis [`pə:snl, `vizitiŋ `fæmili].
уòт из дъ пъ̀ъпъс ъф йо трип? бùзнис [пъ̀снл, вùзитиŋ фèмили].

Закъде пътувате?
Zakʌdè pʌtùvate?

What is your destination? ...
wɔt iz jo: . desti`neiʃn?
уòт из йо дèстинèйшън?

Пътувам със <u>семейството си</u> [със сина си, с дъщеря си, със съпругата си, с приятели].
Pьtùvam sьs semèistvoto si [sьs sinà si, s dьshterià si, sьs sьprùgata si, s priyàteli].

I'm travelling with <u>my family</u> [my son, my daughter, my wife, friends].
aim `trævəliŋ wið mai `fæmili [mai sʌn, mai `dɔtə, mai waif, friends].
айм трèвълин уѝд май фèмили [май сън, май дòтъ, май уайф, френдс].

Пътувам с кола.
Pьtùvam s kolà.

I'm travelling <u>by car</u> [myself].
aim `trævəliŋ bai ka: [maiself].
айм трèвълин бай кàа [майсèлф].

<u>Моята</u> [тази] кола е регистрирана в България.
Mòyata [tàzi] kolà e registrìrana v Bьlgàriya.

<u>My</u> [This] car is registered in Bulgaria.
mai [ðis] ka: iz ˏredʒistə:d in bəl`geəriə.
май [дис] кàа из рèджистъъд ин бългèъриъ.

Може ли да видя <u>регистрацията</u> [застраховката]?
Mòzhe li da vìdia registràtsiyata [zastrahòvkata]?

Might I see <u>the registration</u> [your insurance documents]?
mait ai si: ðə ˏredʒistreiʃən [jo: in`ʃuərəns `dɔkjumənts]?
майт ай сùи дъ рèджистрèйшън [йо иншуъръпс дòкюмънтс]?

Искам да позвъня по телефона. Искам да позвъня <u>в моето посолство</u> [на моя адвокат, на моето семейство].
Ìskam da pozvьnià po telefòna.

I'd like to make a phone call. I'd like to phone my <u>embassy</u> [attorney, family].
aid laik təmeik ə foun kɔl. aid laik tə foun mai `embəsi

125

Ìskam da pozvъnià v mòeto posòlstvo [na mòya advokàt, na mòeto semèistvo].	[ə`tə:ni, `fæmili]. айд лайк тъ мейк ъ фòун кол. айд лайк тъ фòун май èмбъси [ътèъни, фèмили].
Имате ли нещо за деклариране? *Ìmate li nèshto za deklarìrane?*	Do you have anything {you need} to declare? du: ju: hæv `eniθiŋ {ju: ni:d} tə di`kleə? ду ю хев èнитин {ю нùид} тъ диклèъ?
Това е моят <u>багаж</u> [раница]. *Tovà e mòyat bagàzh [rànitsa].*	This is my <u>luggage</u> [backpack]. ðis iz mai `lʌgidʒ [`bækpæk]. дис из май лъ̀гидж [бèкпек].
Това са моите куфари (чанти). *Tovà sa mòite kùfari (chànti).*	These are my bags. ði:z a: mai bægs. дùиз àа май бегс.
Нямам друг багаж. *Nìamam drug bagàzh.*	No, I don't have any other luggage. nou, ai dount hæv `eni `ʌðə lʌgidʒ. нòу, ай дòунт хев èни ъ̀дъ лъ̀гидж.
Имам багаж, но той пристига <u>отделно</u> [по-късно]. *Ìmam bagàzh, no tòi pristìga otdèlno [pò kъ̀sno].*	I do have luggage, but it's coming <u>separately</u> [later]. `ai du: hæv `lʌgidʒ, bʌt its `kʌmiŋ `sep(ə)ritli [`leitə]. ай ду хев ъ лъ̀гидж, бът итс къ̀мин сèпъритли [лèйтъ].
Колко мито трябва да платя? Вече съм платил мито {за тези стоки}. *Kòlko mìto triàbva da platià?*	How much duty do I owe? I've already paid duty {on these goods}. hau mʌtʃ `dju:ti du: ai ou?

Vèche sɤm platìl mìto {za tèzi stòki}.

aiv ɔ:l`redi peid `dju:ti {on ði:z gu:ds}.
хàу мъч дю̀ти ду ай ду̀?
àйв о̀лреди пèйд дю̀ти {он дис гу̀удс}?

Имам <u>вносен</u> [износен] лиценз за тези стоки
Ìmat vnòsen [iznòsen] litsènz za tèzi stòki.

I have an <u>import</u> [export] licence for these goods.
ai hæv ən im`pɔ:t [iks`pɔ:t] `laisəns fə ði:z gu:ds.
ай хев ън ѝмпоот [èкспоот] лàйсънс фъ дис гу̀удс.

Нямам налични пари за деклариране. Нямам ценности {за деклариране}.

Nìamam nalìchni parì za deklarìrane. Nìamam tsènnosti {za deklarìrane}.

I don't have any cash to declare. I'm not carrying any precious objects {I need to declare}.
ai dount hæv `eni kæʃ tə di`kleə. aim not `keəriŋ `eni `preʃəs `ɔbdʒekts {ai ni:d tə di`kleə}.
ай до̀унт хев èни кеш тъ диклèъ. айм нот кèърин èни прèшъс о̀бджектс {ай нѝид тъ диклèъ}.

НАДПИСИ И ТАБЕЛИ – SIGNS

ВХОД СВОБОДЕН	ADMISSION FREE
БРЪСНАРНИЦА	BARBER'S SHOP
ЗАВОЙ!	CURVE!
ПАЗИ СЕ ОТ КУЧЕТО	BEWARE OF THE DOG
АВТОБУСНА (ТРАМВАЙНА) СПИРКА	BUS (BE)
АПТЕКА	CHEMIST'S (BE) DRUGSTORE (AE)

КИНО	CINEMA (BE), MOVIE THEATER (AE)
ЗАТВОРЕНО	CLOSED
ОПАСНОСТ!	DANGER!
УНИВЕРСАЛЕН МАГАЗИН	DEPARTMENT STORE
ОБХОДЕН ПЪТ	DETOUR
АВАРИЕН ИЗХОД	EMERGENSY EXIT
СПРАВКИ	ENQUIRIES
ВХОД	ENTRANCE, NO EXIT
ИЗХОД	EXIT
БЕЗПЛАТЕН ПАРКИНГ	FREE PARKING
ФРИЗЬОРСКО АТЕЛИЕ	HAIRDRESSER'S
БОЛНИЦА	HOSPITAL
РАБОТНО ВРЕМЕ	HOURS: ... TO ...
ИНФОРМАЦИЯ	INFORMATION
НЕ ХОДИ ПО ТРЕВАТА	KEEP OFF THE GRASS
ДВИЖИ СЕ ВЛЯВО	KEEP TO THE LEFT
ДВИЖИ СЕ ВДЯСНО	KEEP TO THE RIGHT
АВТОМАГИСТРАЛА	MOTORWAY
ВЛИЗАНЕТО ЗАБРАНЕНО	NO ENTRY
ПАРКИРАНЕТО ЗАБРАНЕНО	NO PARKING
ФОТОГРАФИРАНЕТО ЗАБРАНЕНО	NO PHOTOGRAPHING
ЗАБРАНЕНО ПУШЕНЕТО	NO SMOKING
ПЛУВАНЕТО ЗАБРАНЕНО	NO SWIMMING
ЕДНОПОСОЧНО ДВИЖЕНИЕ	ONE WAY ONLY
ЕДНОПОСОЧНА УЛИЦА	ONE WAY STREET
ПАРКИНГ	PARKING PLACE. CAR PARK

САМО ЗА ПЕШЕХОДЦИ	PEDESTRIANS ONLY
ПОЛИЦЕЙСКИ УЧАСТЪК	POLICE STATION
ЧАСТЕН ПЛАЖ	PRIVATE BEACH
ЧАСТНА СОБСТВЕНОСТ	PRIVATE PROPERTY
ДРЪПНИ	PULL
БЛЪСНИ	PUSH
РЕСТОРАНТ	RESTAURANT
ЗАТВОРЕН ПЪТ	ROAD CLOSED
УЧИЛИЩЕ	SCHOOL
СЛУЖЕБЕН ВХОД	SERVICE ENTRANCE
ЗАЛА ЗА ПУШАЧИ	SMOKING SECTION. SMOKING ZONE (AE)
РАЗРЕШЕНА СКОРОСТ 40 МИЛИ	SPEED LIMIT 40 MILES
СПРИ!	STOP! HALT!
ЗАЕТО. ЗАПАЗЕНО	TAKEN. RESERVED
ПАЗИ СЕ ОТ БОЯТА	WET PAINT

НАПИТКИ (БЕЗАЛКОХОЛНИ) – NON-ALCOHOLIC DRINKS

Кафе [чаша чай] моля.
Имате ли капучино?
Искам капучино.
Kafè [chàsha chài) mòlia.
Ìmate li kapuchìno?
Ìskam kapuchìno.

Coffee [A cup of tea], please.
Do you have cappuccino?
I'd like a cappuccino.
`kɔfi [ə kʌp əf ti:], pli:z.
du: ju: hæv `kæpə`tʃi:nou?
aid laik ə `kæpə`tʃi:nou.
кòфи [ъ къп ъф тùи) плùиз.
ду ю хев кèпъчùноу?
àид лàик ъ кèпъчùноу.

Може ли малко мляко
[резен лимон]?
Mòzhe li màlko mliàko

Could I have some milk [a slice of lemon]?
ku:d ai hæv sʌm milk [ə slais

129

[rèzen limòn]?

əf `lemən].
кỳуд ай хев съм милк [ъ слайс ъф лèмън].

Искам бутилка <u>минерална вода</u> [тоник].
Ìskam butìlka mineràlna vodà [tònik].

I'd like a bottle of <u>mineral water</u> [tonic].
aid laik ə bɔtəl əf `minərəl `wɔtə [`tɔnik].
айд лайк ъ бòтъл ъф мѝнъръл уòтъ [тòник].

Имате ли...?
Ìmate li...?

Do you have ...?
du: ju: hæv...?
ду ю хев...?

С <u>лед</u> [със захар].
S led [sǎs zàhar].

With <u>ice</u> [sugar].
wið ais [`ʃugə].
уѝд айс [шỳгъ].

Искам портокалов сок с лед, моля.
Ìskam portokàlov sok s led, mòlia.

I'd like an orange juice with ice, please.
aid laik ən `ɔrindʒ dʒu:s wið ais, pli:z.
айд лайк ън òриндж джỳус уѝд айс, плѝиз.

Не {без захар}, благодаря.
Да, ако обичате.
Ne {bez zàhar}, blagodarià.
Da, akò obìchate.

No {no sugar} thank you.
Yes, please.
nou {nou `ʃugə}, θæŋk ju:.
jes, pli:z.
нòу {нòу шỳгъ}, тенк ю.
йес, плѝиз.

НАСТАНЯВАНЕ – ACCOMMODATION

Имате ли резервация?
Ìmate li rezervàtsiya?

Do you have a reservation?
du: ju: hæv ə ˏresə`veiʃən?
ду ю хѐв ъ рèзъвèйшън?

Имам резервация.
Ìmam rezervàtsiya.

Yes, I do have a reservation.
jes, ai du æv ə ˌresə`veiʃən.
йес, ай ду хев ъ рèзъвèйшън.

Нямам резервация.
Niàmam rezervàtsiya.

No, I don't have a reservation.
nou, ai dount hæv ə ˌresə`veiʃən.
нòу, ай дòунт хев ъ рèзъвèйшън.

Искам стая с две легла [с едно легло].
Ìskam stàya s dve leglà [s ednò leglà].

I'd like a double [single] room.
aid laik ə dʌbl [siŋgl] ru:m.
айд лайк ъ дъ̀бл [сингл] рỳум.

Моля, попълнете тази регистрационна карта.
Mòlia, popъlnète tàzi registratsiònna kàrta.

Please fill in this [the] registration card.
pli:z fil in ðis [ðə] ˌredʒistreiʃən ka:d.
плùиз, фил ин дис [дъ] рèджистъ̀рд кàад.

    име
    ìme

    first name
    fə:st neim
    фъ̀ст нейм

    бащино
    bàshtino

    middle name [initial]
    midləl neim [i`niʃəl]
    мùдъл нейм [инùшъл]

    фамилно
    famìlno

    family name [surname]
    `fæmili neim [`sə:neim]
    фèмили нейм [съ̀:нейм]

    националност
    natsionàlnost

    nationality
    ˌnæʃə`næliti
    нèйшънèлити

    дата на раждане
    dàta na ràzhdane

    date of birth
    deit əf bə:θ
    дейт ъф бъ̀т

място на раждане
miàsto na ràzhdane

place of birth
pleis əf bə:θ
плейс ъф бъът

постоянен адрес
postoyànen adrès

permanent address
`pə:mənənt ə`dres
пъ̀ъмънент ъдрѐс

номер на паспорта
nòmer na paspòrta

passport number
`pa:spɔ:t `nʌmbə
па̀аспот нъ̀мбъ

Моля подпишете регистъра.
Mòlia podpishète regìstъra.

Please sign the register.
pli:z `sain ðə ˌredʒistə.
плѝиз, сайн дъ рѐджистъ.

Подписахте ли регистъра?
Podpìsahte li regìstъra.

Did you sign the register?
did ju: `sain ðə ˌredʒistə?
дид ю сайн дъ рѐджистъ?

Колко струва стая <u>с две</u> [с едно] легла?
Kòlko strùva stàya s dve [s ednò] leglà?

How much is a <u>double</u> [single] room?
hau mʌtʃ iz ə dʌbl [siŋgl] ru:m?
ха̀у мъч из ъ дъбл [сингл] рỳум?

<u>Закуската</u> [данъкът] включен (-а) ли е?
Zakùskata [dànъkъt] vkliùchen (-a) li e?

Is <u>breakfast</u> [tax] included?
iz `brekfəst [tæks] in`klu:did?
из брѐкфъст [текс] инклу̀удид?

В стаята има ли <u>баня</u> [радио, телевизор, телефон]?
V stàyata ìma li bània [ràdio, televìzor, telefòn]?

Does the room have a <u>bathroom</u> [radio, TV, telephone]?
dʌs ðə ru:m hæv ə `ba:θrum [`reidiou, ti: vi:, `teilifoun]?
дъз дъ рỳум хев ъ ба̀атруум [рѐйдиоу, тѝи вѝи, тѐлифо̀ун]?

Може ли да видя стаята? *Mòzhe li da vìdia stàyata?*	May [Can, Could, Might] I see the room? (Might I take a look at the room? I'd like to take a look at the room.) mai [kæn, kud, mait] ai si: ðə ru:m? (mait ai teik ə lu:k æt ðə ru:m? aid laik tə teik ə lu:k æt ðə ru:m.) *мей [кен, куд, майт] ай сùи дъ рỳум (майт ай тейк ъ лỳук ет дъ рỳум? айд лайк тъ тейк ъ луук ет дъ рỳум.)*
Ето вашите ключове. *Eto vàshite kliùchove.*	Here are the [your] keys. hiə a: ðə [jo:] ki:s. *хùъ àа дъ [йо] кийс.*
Колко време ще останете при нас? Ще остана <u>една нощ</u> [шест дни, седмица, месец]. *Kòlko vrème shte ostànete pri nas?* *Shte ostàna ednà nosht [shest dni, sèdmitsa, mèsets].*	How long will you be staying with us? I'll be staying for <u>a night</u> [six days, a week, a month]. hau loŋ wil ju: bi: `steiŋ wið ʌs? ail bi: `steiŋ fo: ə nait [siks deiz, ə wi:k, ə mʌnθ]. *хàу лон уùл ю би стèйин уид àс? айл бùи стèйиин фъ ъ найт [сикс дейз, ъ уùик, ъ мънт].*
Да Ви помогнем ли с багажа? *Da vi pomògnem li s bagàzha?*	Do you need help with your luggage? du ju: ni:d help wið jo: `lʌgidʒ? *ду ю нùид хелп уид йо лъ̀гидж?*
Имаме носач. *Ìmate nosàch.*	There's <u>an attendant</u> [a porter] on duty. ðɛəz ən ə`tendənt [ə `po:tə]

133

Не харесвам стаята.
Ne harèsvam stàyata.

I don't like the room.
[The room isn't to my liking.]
ai dount laik ðə ru:m.
[ðə ru:m iznt tə mai `laikiŋ.]
ай дòунт лайк дъ рỳум [дъ рỳум изнт тъ май лàйкин].

Можем да Ви дадем друга стая. Всичко наред ли е?
Mòzhem da vi dadèm drùga stàya. Vsìchko narèd li e?

We can [We'll] give you another room. Is everything satisfactory [OK]?
wi: kæn [wi:l] giv ju: ə`nʌðə ru:m. iz `evriθiŋ .sætis`fæktəri [ou `kei]?
уи кен [уийл] гѝв ю ънъ̀дъ рỳум. ѝз èвритин сèтисфèктъри [òу кèй].

Къде е асансьорът [барът, ресторантът, сауната]?
Kъdè e asansyòrът [bàrът, restoràntът, sàunata]?

Where is the elevator [lift - Br., bar, restaurant, sauna]?
wɛə iz ði `eliveitə [lift, ba:, `restərɔn, `sɔ:nə]?
уèъз ди èливèйтъ [лифт, бàа, рèстърон, сòонъ]?

Може ли да се пие вода от чешмата [да се пуши във фоайето]?
Mòzhe li da se pìe vodà ot cheshmàta [da se pùshi vъv foayèto]?

Is it OK to drink water from the tap [smoke in the lobby]?
iz it ou`kei tə driŋk `wɔtə frəm ðə tæp [smouk in ðə `lɔbi]?
из ит òу кей тъ дрѝнк уòтъ фръм дъ теп [смòук ин дъ лòби]?

НОЩЕН ЖИВОТ – NIGHT LIFE

Какъв е нощният живот тук?
Какво може да се прави тук?
Kakèv e nòshtniyat zhivòt tuk?
Kakvò mòzhe da se pràvi tuk?

What's the night life like here? What's there to do?
wɔts ðə nait laif laik hiə?
wɔts ðɛə tə du:?
уотс дъ найт лайф лайк хиъ? уотс дѐъ тъ дўу?

Може ли да ми препоръчате добро място за танцуване?
Mòzhe li da mi preporъ̀chate dobrò miàsto za tantsùvane?

Can you recómmend a good place to gó dancing?
kæn ju: ˌrekəˈménd ə gu:d pleis tə gou daːnsiŋ?
кен ю рекъмѐнд ъ гўуд плейс тъ гòу дèнсин?

Искам да отида на дискоте́ка [на народни танци].
Ìskam da otìda na diskotèka [na naròdni tàntsi].

I'd like to go to the disco [folk dancing].
aid laik tə gou tə ðə diskou [fouk ˈdaːnsiŋ].
айд лайк тъ гòу тъ дъ дѝскоу [фòок дèнсин].

Има ли хубави концерти довечера?
Ìma li hùbavi kontsèrti dovèchera?

Are there any good concerts tonight?
aː ðɛə ˈeni guːd ˈkɔnsəts təˈnait?
àа дѐъ ѐни гўуд кòнсътс тънàйт?

В колко часа започва представлението?
Колко трае концертът?

V kòlko chasà zapòchva pretstavlènieto?
Kòlko tràe kontsèrtət?

What time does the perfórmance [concert, play] begin? How long will the concert last?
wɔt taim dʌz ðə pəˈfɔːməns [ˈkɔnsət, plei] biˈgin? hau lɔŋ wil ðə ˈkɔnsət laːst?
уòт тайм дъ пъфòомънс [кòнсът, плей] бигѝн? хàу лон уѝл дъ кòнсът лàаст?

135

Колко струва билетът?
[Входът свободен ли е?]

Kòlko strùva bilètъt?
[Vhòdъt svobòden li e?]

How much <u>does it cost to get in</u> [is admission, is the entry free]?

hau mʌtʃ dʌz it ˋkoust tə get in [iz ədˋmiʃən, iz ði ˋentri fri:]?

хàу мъч дъз ит кòуст тъ гет ѝн [из ъдмѝшън, из ди èнтри фрѝи]?

Искам два билета за "Крал Лир" за 3-ти. Искам места на балкона.
Ìskam dva bilèta za "Kral Lir" za trèti. Ìskam mestà na balkòna.

I'd like two tickets to 'King Lear' for the 3rd. Balcony tickets <u>would be</u> [are] fine.

aid laik tu: ˋtikits tə 'Kiŋ liə' fo: ðə θə:d. ˋbælkəni ˋtikits wu:d bi: [a:] fain.

àйд лàйк тỳу тѝкитс тъ кин лѝъ фо дъ тъ̀д. бèлкъни тѝкитс ỳуд бѝи [àа] фàйн.

Искаме да запазим две места за <u>довечера</u> [утре вечерта, за 17-ти].
Ìskame da zapàzim dve mestà za dovèchera [ùtre vechertà, za sedemnàdeseti].

We'd like to reserve two seats for <u>tonight</u> [tomorrow night, the 17th].

wid laik tə riˋzə:v tu: si:ts fo: təˋnait [təˋmərou nait, ðə ˋsevnˋti:nθ].

ỳйд лàйк тъ ризъ̀:в тỳу ситс фòо тънàйт [тъмòроу нàйт, дъ сèвънтѝинт].

Как да стигна до казиното?
Kak da stìgna do kazìnoto?

How do <u>we</u> [I] get to the casino?

hau du: wi: [ai] get tə ðə kəˋsi:nou?

хàу дỳу ỳи [ай] гèт тъ дъ късѝноу?

Има ли бар [ресторант]?　Is there a bar [restaurant]?
Ще се видим в бара.　I'll see you at the bar.
Ìma li bar [restorànt]?　iz ðeə ə ba: [`restərɔn]?
Shte se vìdim v bàra.　ail si: ju: æt ðə ba:.
　　　　　　　　　　　из дѐъ ъ бàа [рѐстърон]?
　　　　　　　　　　　айл сùи ю ет дъ бàа.

ОБРЪЩЕНИЯ – HOW TO ADDRESS PEOPLE
Главата е озвучена в звукозаписа.

Господине!　*Gospodìne!*	Mr = Mister　`mistə
Госпожо!　*Gospòzho!*	Mrs = Mistress　`misiz
Госпожице!　*Gospòzhitse!*	Miss　mis
Дами и господа!　*Dàmi i gospodà!*	Ladies and Gentlemen!　`leidis ənd `dʒentlmen
Скъпи приятели!　*Skъ̀pi priyàteli!*	My Dear friends!　mai `diə frends

ОБСЛУЖВАНЕ ПО СТАИТЕ В ХОТЕЛА – ROOM SERVICE

Искам да поръчам...　I'd like to order ...
Ìskam da porъ̀cham...　aid laik tə `ɔ:də...
　　　　　　　　　　айд лайк тъ òдъ...

　(сутрешна) закуска　breakfast
　(sùtreshna) zakùska　`brekfəst
　　　　　　　　　　брѐкфъст

　обяд　lunch
　obiàd　lʌntʃ
　　　　лънч

137

вечеря	dinner (supper)
vecheria	`dinə (`sʌpə)
	динъ (сѐпъ)

Моята стая е доста...	My room is too...
Moyàta stàya e dòsta...	mai ru:m iz tu:...
	май рỳум из тỳу...

задушна	warm (hot)
zadùshna	wɔ:m (hot)
	уòом (хот)

студена	cold
studèna	kould
	кòулд

Осветлението не работи.
Osvetlènieto ne ràbòti.
The light doesn't work.
ðə lait dʌznt wɔ:k.
дъ лайт дъзнт уъък.

Донесете ми нова крушка, моля ви.
Donesète mi nòva krùshka, mòlia vi.
Please bring me another bulb.
pli:z briŋ mi ə`nʌðə bʌlb.
плѝиз брин ми ънѐдъ бълб.

Отоплението не работи.
Otoplènieto ne ràbòti.
The heater doesn't work.
ðə hi:tə dʌznt wɔ:k.
дъ хийтъ дъзнт уъък.

Бихте ли ми донесъл (-а)...
Bìhte li mi donèsʌl (-a)...
Could you please bring me...?
ku:d ju: pli:z briŋ mi:...?
кỳуд ю плѝиз брѝн ми...?

пепелник	an ash-tray
pepelnìk	ən `æʃtrei
	ън ѐштрей

хавлиена кърпа	a bath-towel
havlìena kʌ̀rpa	ə ba:θ `tauəl
	ъ бàат тàуъл

още една възглавница	one more pillow
òshte ednà vъzglàvnitsa	wʌn moː ˈpilou
	уѐн мòо пùлоу

още едно одеяло	one more blanket
òshte ednò odeyàlo	wʌn moː ˈblæŋkit
	уѐн мòо блѐнкит

Бих искал (-а) да... тези неща. I would like these things ...
Bih ìskal (-a) da... tèzi neshtà. ai wud laik ðiːz θiŋks...
ай ỳуд лайк дис тùнгс...

дадете на химическо чистене	dry-cleaned
dadète na himìchesko chìstene	drai-kliːnd
	драй клийнд

изперете	washed
isperète	wɔʃt
	уошт

изгладите	pressed
izglàdite	prest
	прест

ремонтирате	mended/repaired
remontìrate	mendid/riˈpɛəd
	мèндид/рипèърд

Кога ще бъдат готови? When will they be ready?
Kogà shte bъdat gotòvi? wen wil ðei biː ˈredi?
уѐн уùл дей би рѐди?

Събудете ме в 7 часа сутринта.

Could you please wake me up at seven {tomorrow}? [Could I get a wakeup call at seven?]

Sъbudète me v sèdem chasà sutrintà.

kuːd juː pliːz weik mi ʌp æt sevn {təˈmɔrou}? [kuːd ai get ə ˈweikʌp æt sevn?]
кỳуд ю плùиз уейк ми ѝп ет сèвн {тъмòроу}? [кỳуд ай гет ъ уѐйкъп ет сèвн?]

139

Ако някой ме потърси, моля Ви, предайте, че...	If anyone calls for me, will [would, can, could] you please tell them ...
Ako niàkoi me potъ̀rsi, mòlia vi, predàite, che...	if `eniwʌn kɔls fo: mi: wil [wu:d, kæn, ku:d] ju: pli:z tel ðem...
	иф ѐниуън кòл фо ми уѝл [у̀уд, кен, кỳуд] ю плѝиз тел дем...
ще се върна скоро	I'll be back soon
shte se vъ̀rna skòro	ail bi: bæk su:n
	айл би бек сỳун
ще се върна в... часа	I'll be {coming} back at ... o'clock.
shte se vъ̀rna v... chasà	ail bi: {kʌmiŋ} bæk æt ... ə`klɔk
	айл би {кѝмин} бек ет ... ъ клòк
Има ли съобщения (електронна поща) за мен?	Are there any messages [e-mails] for me?
Ìma li sъobshtèniya (elektrònna pòshta) za men?	a: ðeə `eni `mesidʒis [i:-meils] fo: mi:?
	àа дѐъ ени мѐсиджис [ѝмейлс] фò ми?
Има ли пътническа агенция във фоайето? Къде мога да купя билети за влака [самолета]?	Is there a travel agency in the lobby? Where can I get tickets for the train [plane]?
Ìma li pъ̀tnicheska agèntsiya vъv foaièto? Kъdè mòga da kùpia bilèti za vlàka [samolèta]?	iz ðeə ə trævəl `eidʒənsi in ðə `lɔbi? wɛə kæn ai get `tikits fo: ðə trein [plein]?
	ѝз дѐъ ъ трѐвъл ѐйджънси ин дъ лòби? уѐъ кен ай гет тѝкитс фо дъ трейн [плейн]?

Може ли да взема под наем...	Is it possible to <u>rent</u> [hire] ...?
Mòzhe li da vzèma pod nàem...	iz it ˌpɔsibl tə rent [haiə]...?
	из ит ˌпòсибл тъ рент [хàйъ]...?

водни ски	water skis
vòdni ski	ˈwɔtə skiːs
	уòтъ скийс
водно колело	a peddle boat
vòdno kolelò	ə pedl bout
	ъ пèдл боут
шезлонг	a deck chair
shezlòng	ə dek tʃɛə
	ъ дèк чеъ

ОСНОВНИ ЕЗИКОВИ КОНСТРУКЦИИ – LANGUAGE CONSTRUCTION PATTERNS
Главата е озвучена в звукозаписа.

Във всеки език съществуват езикови конструкции – образци. Заменяйки една дума с друга в дадено изречение, можем да получим безкрайно количество нови изречения. Думата, изписана с по-тъмен шрифт, заменете с друга дума по желание, за да направите ново изречение.

Every language is a set of patterns. If we know the patterns, we can put them together and rearrange them to get new sentences. Words that can be exchanged are shown in bold-type.

Какво е **това**?	What is **this**?
Kakvò e tovà?	wɔt iz ðis?
Какво е **онова**?	What is **that**?
Kakvò e onovà?	wɔt iz ðæt?
Какво е **онова там**?	What is that **over there**?
Kakvò e onovà tam?	wɔt iz ðæt ˈouvə ðeə?

Как се казва това? *Kak se kàzva tovà?*	What is this called? wɔt iz ðis kɔ:ld?
Това е книга. *Tovà e knìga.*	This is a book. ðis iz ə bu:k.
Онова е списание. *Onovà e spisànie.*	That is a magazine. ðæt iz ə ˋmægəˊzi:n.
Това там (оттатък) е речник. *Tovà tam (ottàtək) e rèchnik.*	That is a dictionary over there. ðæt iz ə ˋdikʃənəri ˋouvə ðeə.
Това там на масата е речник. *Tovà tam na màsata e rèchnik.*	That is a dictionary over there on the table. ðæt iz ə ˋdikʃənəri ˋouvə ðeə on ðə ˋteibəl.
Това ябълка ли е? *Tovà yàbəlka li e?*	Is this an apple? iz ðis ən æpl?
Това там портокал ли е? *Tovà tam portokàl li e?*	Is that an orange over there? iz ðæt ən ˋɔrindʒ ˋouvə ðeə?
Това не е ябълка. *Tovà ne e yàbəlka.*	This is not an apple. ðis iz not ən æpl.
Това не е портокал. *Tovà ne e portokàl.*	This is not an orange. ðis iz not ən ˋɔrindʒ.
Това е голяма круша. *Tovà e goliàma krùsha.*	This is a big pear. ðis iz ə big peə.
Онова е малка мандарина. *Onovà e màlka mandarìna.*	That is a small tangerine. ðæt iz ə smɔ:l ˋtændʒəˋri:n.
Това е голяма, зелена круша. *Tovà e goliàma, zelèna krùsha.*	This is a big, green pear. ðis iz ə big, gri:n peə.
Онова там е малка, оранжева мандарина. *Onovà tam e màlka, orànzheva mandarìna.*	That over there is a small, orange tangerine. ðæt ˋouvə ðeə iz ə smɔ:l, ˋɔrindʒ ˋtændʒəˋri:n.

Това е много **забавно**.	This is quite **amusing**.
Tovà e mnògo zabàvno.	ðis iz kwait ə`mju:ziŋ.
Беше много **забавно**, нали?	That was quite amusing, wasn't it?
Bèshe mnògo zabàvno, nalì?	ðæt wɔz kwait ə`mju:ziŋ, wɔznt it?
Роклята е **синя**.	This dress is **blue**.
Ròklìata e sìnia.	ðis dres iz blu:.
Палтото е **черно**.	That coat is **black**.
Paltòto e chèrno.	ðæt kout is blæk.
Тази дреха **евтина** ли е?	Is this dress **cheap** enough?
(Търсим нещо, което можем да си позволим.)	*(We're looking for one we can afford.)*
Tàzi drèha èftina li e?	iz ðis dres tʃi:p
Скъпо ли е онова палто?	Is that coat **expensive**?
Skъ̀po li e onovà paltò?	iz ðæt kout iks`pensiv?
Тази дреха не е много **евтина**.	This dress is not very **cheap**.
Tàzi drèha ne e mnogo èftina.	ðis dres iz not `veri tʃi:p.
Това палто не е много **скъпо**.	That coat is not very **expensive**.
Tovà paltò ne e mnògo skъ̀po.	ðæt kout iz not `veri iks`pensiv.
Аз съм **българин** (българка).	I'm **Bulgarian**.
As sъm bъ̀lgarin (bъ̀lgarka - fem.).	aim bʌl`geəriən.
Вие **англичанин** ли сте?	You're **English**?
vie anglichànin li ste?	ju: a: `iŋŋgliʃ?
Да, аз съм **англичанин**.	Yes, I am **English**.
Da, as sъm anglichànin.	jes, ai əm `iŋŋgliʃ.
Откъде сте?	Where are **you** from?
Otkъdè ste?	wɛə a: ju: frɔm?

От България съм. *Ot Bəlgàriya səm.*	I'm from Bulgaria. aim frɔm bʌl`geəriə
Кой сте Вие? *Kòi ste vìe?*	Who are you? hu: a: ju:?
Вие ли сте г-н Смит? *Vìe li ste gospodìn Smit?*	Are you Mr. Smith? a: ju: `mistə smiθ?
Не, не съм г-н Смит. *Ne, ne səm gospodìn Smit.*	No, I'm not Mr. Smith. nou, aim not `mistə smiθ.
Как сте? *Kak ste?*	How are you? hau a: ju:?
Добре съм. *Dobrè səm.*	I'm OK. I'm doing alright. aim ou`kei. aim du:iŋ `ɔ:l`rait.
Болен ли сте? *Bòlen li ste?*	Are you sick? a: ju: sik?
Не, не съм болен (болна). *Ne, ne səm bòlen (bòlna - fem.).*	No, I'm not sick. nou, aim not sik.
Добре ли сте? *Dobrè li ste?*	Are you alright? a: ju: `ɔ:l`rait?
Не, малко съм болен. *Ne, màlko səm bòlen.*	No, I'm a bit sick. nou, aim ə bit sik.
Не, наистина съм добре. *Ne, naistina səm dobrè.*	No, really I'm alright. nou, riəli aim `ɔ:l`rait.
Това е чудесно, нали? *Tovà e chudèsno, nalì?*	This is wonderful, isn't it? ðis iz `wʌndəful, iznt it?
Да, наистина е. *Da, naìstina e.*	Yes, it certainly is. jes, it `sə:tnli iz.
Беше прекрасно, нали? *Bèshe prekràsno, nalì?*	That was wonderful, wasn't it? ðæt wɔz `wʌndəful, wɔznt it?
Не, беше ужасно. *Ne, bèshe uzhàsno.*	No, that was horrible. nou, ðæt wɔz `hɔrəbəl.

Това са моите чанти (куфари). *Tovà sa mòite chànti (kùfari).*	These are my bags. ðiːz aː mai bægs.
Това твоите чанти ли са? *Tovà tvòite chànti li sa?*	Those there are your bags? ðouz ðeə aː joː bægs?
Тази чанта Ваша ли е? *Tàzi chànta vàsha li e?*	Is this bag yours? iz ðiz bæg joːs?
Тази чанта не е моя. *Tàzi chànta ne e mòya.*	This bag is not mine. ðiz bæg iz not main.
Тази чанта е твоя. *Tàzi chànta e tvòya.*	This bag is yours. ðiz bæg iz joːs.
Къде е твоят съпруг? *Kъdè e tvòyat sъprùg?*	Where is your husband? weə iz joː ˈhʌzbənd?
Къде е твоята съпруга? *Kъdè e tvòyata sъprùga?*	Where is your wife? weə iz joː waif?
Това е моят съпруг. *Tovà e mòyat sъprùg.*	This is my husband. ðis iz mai ˈhʌzbənd.
Това е моята съпруга. *Tovà e mòyata sъprùga.*	This is my wife. ðis iz mai waif.
Ето моят съпруг. *Eto mòyat sъprùg.*	Here is my husband. hiə iz mai ˈhʌznənd.
Моята съпруга е там (оттатък). *Mòyata sъprùga e tam (ottàtъk).*	My wife is over there. mai waif iz ˈouvə ðeə.
А останалите членове на Вашето семейство? *A ostànalite chlenovè na vàsheto semèistvo?*	And the rest of your family? ænd ðə rest əf joː fæmili?
Ето моят син. *Eto mòyat sin.*	Here is my son. hiə iz mai sʌn.
Ето моята дъщеря. *Eto mòyata dъshterià.*	Here is my daughter. hiə iz mai ˈdɔːtə.

145

Това е госпожица Грант.	This is Miss Grant.
Tovà e gospòzhitsa Grant.	ðis iz mis grænt.
Това е наш приятел.	This is a friend of ours.
Tovà e nash priyàtel.	ðis iz ə frend əf ouəz.
Колко е **сметката**?	How much is the **bill**?
Kòlko e smètkata?	hau mʌtʃ iz ðə bil?
Колко струваше **билетът**?	How much was the **ticket**?
Kòlko strùvashe bilètʉt?	hau mʌtʃ wɔz ðə ˈtikit?.
Струва **сто долара**.	It's one **hundred dollars**.
Strùva sto dòlara.	its wʌn ˈhundrid ˈdɔləz.
Струва само **хиляда лева**.	It is only **one thousand lev**.
Strùva sàmo hiliàda lèva.	it iz ˈounli wʌn ˈθauzənd lev.
Къде е **ресторантът**?	Where is the **restaurant**?
Kʉdè e restoràntʉt?	wɛə iz ðə ˈrestərɔn?
Входната врата е тук.	The **front door** is here.
Vhòdnata vràta e tuk.	ðə frʌnt do: iz hiə.
Къде е **изходът**?	Where is the **exit**?
Kʉdè e ìshodʉt?	wɛə iz ðo ˈeksit?
Знаеш ли къде е ресторантът?	Do you know where the restaurant is?
Znàesh li kʉdè e restoràntʉt?	du: ju: nou wɛə ðə ˈrestərɔn iz?
Там е **входната врата**.	There's the **front door**.
Tam e vhòdnata vratà.	ðɛə iz ðə frʌnt do:.
Някой знае ли къде е изходът?	Does anyone know where the exit is?
Nìakoi znàe li kʉde e ìshodʉt?	dʌz ˈeniwʌn nou wɛə ði ˈeksit iz?
Тук е.	It's here.
Tuk e.	its hiə.
Не, там е.	No, it's over there.
Ne, tam e.	nou, its ˈouvə ðɛə.

Къде е писмото? *Kъdè e pismòto?*	Where is the letter? wɛə iz ðə `letə.
Знаете ли къде е писмото? *Znàete li kъdè e pismòto?*	Do you know where the letter is? du: ju: nou wɛə ðə `letə iz?
Знаеш ли къде е телефонният му номер? *Znàesh li kъde e telefònniyat mu nòmer?*	Do you know where his telephone number is? du: ju: nou wɛə hiz `telifoun `nʌmbə iz?
На бюрото е. *Na biuròto e.*	It's on the desk. its on ðə desk.
В чекмеджето е. *V chekmedzhèto e.*	It's in the drawer. its in ðə `drɔ:ə.
До телефона е. *Do telefòna e.*	It's next to the phone. its nekst tə ðə `foun.
Знаеш ли къде е НДК? *Znàesh li kъdè e en de ka?*	Do you know where NDK is? du: ju: nou wɛə en de ka iz?
До пощата е. *Do pòshtata e.*	It's near the post office. its niə ðə poust `ɔfis.
През улицата е. *Prez ùlitsata e.*	It's across the street. its ə`kros ðə stri:t.
Срещу (пред) хотела е. *Srèshtu (pred) hotèla e.*	It's in front of the hotel. its in frʌnt əf ðə hou`tel.
Зад теб е. *Zad teb e.*	It's behind you. its bi`haind ju:.
На север оттук (е). *Na sèver ottùk (e).*	It's North of here. its nɔ:θ əf hiə.
Отиваш ли? Тръгваш ли? *Otìvash li? Trъ̀gvash li?*	Are you going? a: ju: `gouiŋ?
Идваш ли? *Ìdvash li?*	Are you coming? a: ju: kʌmiŋ?

Няма да дойда.	I'm not coming.
Nìama da dòida.	aim not kʌmiŋ.
Слизаш ли?	Are you getting off?
Slìzash li?	a: ju: getiŋ ɔ:f?
Все още не слизам.	I'm not getting off yet.
Vse òshte ne slìzam.	aim not getiŋ ɔ:f jet.
Чакаш ли някого?	Are you waiting for someone?
Chàkash li niàkogo?	a: ju: weitiŋ fo: ˈsʌmwʌn?
Не, не чакам никого.	No, I'm not waiting for anyone.
Ne, ne chàkam nìkogo.	nou, aim not weitiŋ fo: ˈeniwʌn.
Ще дойдеш ли?	Will you come?
Shte dòidesh li?	wil ju: kʌm?
Кога ще дойдеш?	When are you coming?
Kogà shte dòidesh?	wen a: ju: kʌmiŋ?
Ще отидеш ли?	Are you going to go?
Shte otìdesh li?	a: ju: ˈgouiŋ tə gou?
Кога отиваш?	When are you going?
Kogà otìvash?	wen a: ju: ˈgouiŋ?
Кога {най-накрая} ще си вземеш почивка?	When are you going to take a rest?
Kogà {nài nakràya} shte si vzèmesh pochìvka?	wen a: ju: ˈgouiŋ tə teik ə rest?
Да, ще прочета писмото ти.	Yes, I'll read your letter.
Da, shte prochetà pismòto ti.	jes, ail ri:d jo: ˈletə.
Даже ще ти напиша писмо.	I'll even write you a letter.
Dàzhe shte ti napìsha pismò.	ail i:vən rait ju: ə ˈletə.
Но ще го прочета по-късно.	But I'll read it later.
No shte go prochetà pò kàsno.	bʌt ail ri:d it ˈleitə.
Ще започна да пиша веднага.	I'll begin writing right now.
Shte zapòchna da pìsha vednàga.	ail biˈgin ˈraitiŋ rait nau.

Отидох и го (това) видях. *Otìdoh i go (tovà) vidiàh.*	I went and saw it. ai went ænd sɔ: it.
Тя вече го е видяла (това). *Tià vèche go e vidiàla (tovà).*	She had already seen it. ʃi: hæd ɔ:l'redi si:n it.
Ходих (отидох) вчера. *Hòdih (otìdoh) vchèra.*	I went yesterday. ai went `jestədei.
Дай ми едно... *Dài mi ednò...*	Give me a one. giv mi: ə wʌn.
Дай ми ключовете. *Dài mi kliùchovete.*	Give me the keys. giv mi: ðə ki:s.
Дай ми малко вода. *Dài mi màlko vodà.*	Give me some water. giv mi: sʌm `wɔtə.
Дайте ми малко пари. *Dàite mi màlko parì.*	Give me some money. giv mi: sʌm `mʌni.
Дайте ми десет {от тях}. *Dàite mi dèset {ot tiàh}.*	Give me ten {of them}. giv mi: ten {əf ðem}.
Ще напишеш ли статия? *Shte napìshesh li stàtiyata?*	Will you write an article? wil ju: rait ən `a:tikəl?
Искаш (-е) ли да прочетеш вестника? *Ìskash (-e) li da prochetèsh vèstnika?*	Did you want to read the paper? did ju: wɔnt tə ri:d ðə `peipə?
Видях твоята статия. *Vidiàh tvòyata stàtiya.*	I saw your article. ai sɔ: jo: `a:tikəl.
Ти ли я написа? *Ti li ya napìsa?*	Did you write it? did ju: rait it?
Не си ми се обаждал от известно време. *Ne si mi se obàzhdal ot izvèstno vrème.*	You haven't called me for a while. ju: hævnt kɔ:ld mi fo: ə wail.

149

Видя ли статията във вестника? *Vidià li stàtiyata vəv vèstnika?*	Did you see the article in the paper? did ju: si: ði `a:tikəl in ðə `peipə?
Да затворя ли прозореца? *Da zatvòria li prozòretsa?*	Shall I close the window? ʃæl ai klouz ðə `windou?
Да отворя ли вратата? *Da otvòria li vratàta?*	Shall I open the door? ʃæl ai `oupən ðə do:?
Изгубих си чантата. *Izgùbih si chàntata.*	Oh! I've lost my bag. ou, aiv lɔst mai bæg.
Да извикам ли полиция? *Da izvìkam li polìtsiya?*	Should I call the police? ʃud ai kɔ:l ðə pə`li:s?
Нека да отидем с такси, искаш ли? *Nèka da otìdem s taksì, ìskash li?*	Let's go by taxi, shall we? lets gou bai tæksi, ʃæl wi:?
Не. По-добре да отидем с метрото (вместо с такси). *Ne. Pò dobrè da otìdem s metròto (vmestò s taksì).*	No. Shall we take the subway instead? nou. ʃæl wi: teik ðə `sʌbwei in`sted?
Но навън вали. *No navən valì.*	But it's raining. bʌt its reiniŋ.
Не трябваше да си забравям чадъра. *Ne triàbvashe da si zabràviam chadèra.*	Oh! I shouldn't have forgot my umbrella. ou, ai ʃu:dnt hæv fə`gɔt mai ʌm`brelə.
Бързо! *Bərzo!*	Hurry up. `hʌri ʌp.
Тръгни веднага. *Trəgnì vednàga.*	Go right now. gou rait nau.
Завий надясно. *Zavìi nadiàsno.*	Turn to the right. tə:n tə ðə rait.

Тръгни наляво.	Go to the left.
Trъgnì naliàvo.	gou tə ðə left.
Върви направо.	Go straight <u>ahead</u> [on].
Vъrvì napràvo.	gou streit ə'hed [on].
Моля, седнете.	Please sit down.
Mòlia, sednète.	pli:z sit daun.
Да?	Yes?
Da?	jes?
<u>Влез</u> [Влезте] *(Разговорен вариант)*	Come on in. *(The 'on' gives a colloquial, friendly touch.)*
Vlez [Vlèzte – pl.].	kʌm on in.
<u>Влез</u> [влезте].	Come in.
Vlez [vlèzte – pl.].	kʌm in.
Не виждам смисъл.	I don't see the point.
Ne vìzhdam smìsъl.	ai dount si: ðə pɔint.
Искам да отида на **пазар**.	I want to go to the **market**.
Ìskam da otìda na pazàr.	ai wɔnt tə gou tə ðə 'ma:kit.
Искам да посетя **супермаркет** (-а).	I want to visit a **supermarket**.
Ìskam da posetià sùpermarket(a).	ai wɔnt tə vizit ə 'sju:pəma:kit
Искам да напазарувам.	I'd like to go shopping.
Ìskam da napazarùvam.	aid laik tə gou 'ʃɔpiŋ.
Но нищо не искам да купувам.	But I don't want to buy anything.
No nìshto ne ìskam da kupùvam.	bʌt ai dount wɔnt tə bai 'eniθiŋ.
Наистина, даже не ми се ходи.	Really, I don't even want to go.
Naìstina, dàzhe ne mi se hòdi.	'riəli ai dount i:vən wɔnt tə gou.
Къде е г-н Браун?	Where is Mr. Brown?
Kъdè e gospodìn Bràun?	wɛə iz 'mistə 'braun?

151

Къде е **котката**? *Kъdè e kòtkata?*	Where is the **cat**? weə iz ðə kæt?
Къде е **нашата** котка? *Kъdè e nàshata kòtka?*	Where is **our** cat? weə iz ouə kæt?
Нашият гост е във **всекидневната**. *Nàshiyat gost e vъv vsekidnèvnata.*	**Our** guest is in the **livingroom**. ouə gest in ðə `liviŋrum.
Котката е в **кухнята**. *Kòtkata e v kùhniata.*	The cat is in the **kitchen**. ðə kæt iz in ðə `kitʃən.
Виждаш ли къде е? *Vìzhdash li kъdè e?*	Do you **see** where it is? du: ju: si: weə it iz?
Нашият гост **чака**. *Nàshiyat gost chàka.*	Our guest is **waiting**. ouə gest is `weitiŋ.
Не мога да **отида**. *Ne mòga da otìda.*	I can't **go**. ai kænt gou.
Не мога да **дойда**. *Ne mòga da dòida.*	I can't **come**. ai kænt [`ka:nt - Br.] kʌm.
Не мога да **спя**. *Ne mòga da spià.*	I can't **sleep**. ai kænt sli:p.
Все още **чакам**. *Vse òshte chàkam.*	I'm still **waiting**. aim stil `weitiŋ.
Не мога да **чакам**. *Ne mòga da chàkam.*	I can't **wait**. ai kænt `weit.
Просто си **почивам**. *Pròsto si pochìvam.*	I'm just **taking a rest**. aim dʒʌst teikiŋ ə rest.
Какво **гледаш**? *Kakvò glèdash?*	What are you **looking at**? wɔt a: ju: lu: kiŋ æt?
Какво **търсиш**? *Kakvò tъrsish?*	What are you **looking for**? wɔt a: ju: lu:kiŋ fɔ:?

Какво правиш? *Kakvò pràvish?*	What are you doing? wɔt a: ju: du:iŋ?
Защо правиш това? *Zashtò pràvish tovà?*	What are you doing it for? wɔt a: ju: du:iŋ it fo:?
Лекар ли търсиш? *Lèkar li tèrsish?*	Are you looking for a doctor? a: ju: lu:kiŋ fo: ə `dɔktə?
Познаваш ли добър лекар? *Poznàvash li dobèr lèkar?*	Do you know a good doctor? du: ju: nou ə gu:d `dɔktə?
Познаваш ли го? *Poznàvash li go?*	Do you know him? du: ju: nou him?
Помниш ли го? *Pòmnish li go?*	Do you remember him? du: ju: ri`membə him?
Помниш ли ме? *Pòmnish li me?*	Do you remember me? du: ju: ri`membə mi:?
Да, спомням си за Вас. *Da, spòmniam si za vas.*	Yes, I do remember you. jes, ai du: ri`membə ju:.
Не, не го помня. *Ne, ne go pòmnia.*	No, I don't remember him. nou, ai dount ri`membə him.
Моля, изчакайте. *Mòlia, izchàkaite.*	Please wait. pli:z, weit.
Моля Ви, извикайте лекар. *Mòlia vi, izvìkaite lèkar.*	Please call a doctor. pli:z, kɔl ə `dɔktə.
Моля Ви, покажете ми пътя. *Mòlia vi, pokazhète mi pètia.*	Please show me the way. pli:z ʃou mi: ðə wei.
Моля ви, почистете стаята. *Mòlia vi, pochistète stàyata.*	Please tidy up the room. pli:z `taidi ʌp ðə ru:m.
Моля Ви, измийте съдовете. *Mòlia vi, izmìite sèdovete.*	Please wash the dishes. pli:z wɔʃ ðə diʃiz.
Моля Ви, застанете там. *Mòlia vi, zastanète tam.*	Please, stand over there. pli:z, stænd `ouvə ðɛə.

Моля те, позвъни ми в седем.	Please call me at seven.
Mòlia te, pozvъnì mi v sèdem.	pli:z kɔ:l mi: æt sevn.
Моля те, ела в понеделник.	Please come on Monday.
Mòlia te, elà v ponedèlnik.	pli:z kʌm on ˈmʌndi.
Моля те, научи ме.	Please teach me.
Mòlia te, nauchì me.	pli:z, ti:tʃ mi:.
Моля те, помогни ми.	Could you please help me?
Mòlia te, pomognì mi.	ku:d ju: pli:z help mi:?
Ще ти пиша.	I'll write you.
Shte ti pìsha.	ail rait ju:.
Ще ти прочета.	I'll read to you.
Shte ti prochetà.	ail ri:d tə ju:
Аз даже ще ти покажа един (екземпляр).	I'll even show you one.
Az dàzhe shte ti pokàzha edìn (ekzempliàr).	ail i:vən ʃou ju: wʌn.
Може ли да си отида вкъщи сега?	Can I go home now?
Mòzhe li da si otìda vkъ̀shti segà?	kæn ai gou houm nau?
Можеш да бъдеш сигурен.	You can rest assured.
Mòzhesh da bъ̀desh sìguren.	ju: kæn rest əˈʃuəd.
Може ли да взема един (от тези предмети)?	Can [May] I take one?
Mòzhe li da vzèma edìn (ot tèzi predmèti)?	kæn [mei] ai teik wʌn?
Кой е по-добър? (отнася се до предмети)	Which one is better?
Kòi e pò dobъ̀r?	witʃ wʌn iz ˈbetə?
Кое е по-евтино?	Which one is cheaper?
Koè e pò èftino?	witʃ wʌn iz tʃipə?

Това е по-добро.
Tovà e pò dobrò.

This one is **better**.
ðis wʌn is `betə?

Онова е по-скъпо.
Onovà e pò skɤ̀po.

That one is **more expensive**.
ðæt wʌn iz mo: iks`pensiv.

Това е по-евтино (по-малко скъпо).
Tovà e pò èftino (pò màlko skɤ̀po).

This one is **less expensive**.
ðis wʌn iz les isk`pensiv.

Това е най-доброто.
Tovà e nài dobròto.

This one is the **best**.
ðis wʌn iz ðə best.

Онова е най-красивото.
Onovà e nài krasìvoto.

That one is the **most beautiful**.
ðæt wʌn iz ðə moust `bju:tiful.

Това е прекалено голямо.
Tovà e prekalèno goliàmo.

This one is too **big**.
ðis wʌn iz tu: big.

Онова е прекалено светло (ярко).
Onovà e prekalèno svètlo (yàrko).

That one is too **bright**.
ðæt wʌn iz tu: brait.

Тук вали много сняг.
Tuk valì mnògo sniàg.

It **snows** alot here.
it snous `əlɔt hiə.

Времето е твърде лошо.
Vrèmeto e tvɤ̀rde lòsho.

The weather is quite **bad**.
ðə `weðə is kwait bæd.

Кой ще отиде?
Kòi shte otìde?

Who will **go**? [Who's going?]
hu: wil gou? [hu:z gouiŋ?]

Той навярно няма да отиде.
Tòi naviàrno niàma da otìde.

He will probably **not** go.
hi: wil `prɔbəbli not gou.

Тя вероятно няма да дойде.
Tia veroyàtno niàma da dòide.

She will probably **not** come.
ʃi: wil `prɔbəbli not kʌm.

Моля Ви, не идвайте.
Mòlia vi, ne ìdvaite.

Please **don't** come.
pli:z dount kʌm.

Не, не влизайте.
Ne, ne vlìzaite.

No, don't come in.
nou, dount kʌm in.

Не пипай това.
Ne pìpai tovà.

Don't touch it.
dount tʌtʃ it.

Трябва да тръгна сега.
Triàbva da trègna segà.

I must go now.
ai mʌst gou nau.

Трябва да тръгвам.
Triàbva da trègvam.

I must be going.
ai mʌst bi: gouiŋ.

Защо лягаш толкова рано?
Защото съм уморен.
Zashtò liàgash tòlkova ràno?
Zashtòto sǝm umorèn.

Why are you going to bed so early? Because I'm tired.
wai a: ju: gouiŋ tǝ bed sou `ǝ:li? bi`kɔz aim `taiǝ:d.

Защо не го купуваш?
Защото е много скъпо.
Zashtò ne go kupùvash?
Zashtòto e mnògo skǝ̀po.

Why aren't you buying it?
Because it's too expensive.
wai a:nt ju: baiŋ it?
bi`kɔz its tu: iks`pensiv.

Ще отидем ли утре на пикник?
Да, ако времето е хубаво.
Shte otìdem li ùtre na pìknik?
Da, akò vrèmeto e hùbavo.

Are we going on a picnic tomorrow?
Yes, if the weather is good.
a: wi: gouiŋ on ǝ `piknik tǝ`mɔrou?
jes, if ðǝ `weðǝ is gu:d.

Ще го купиш ли?
Shte go kùpish li?

Are you going to buy it?
a: ju: gouiŋ tǝ bai it?

Да, ако цената е достатъчно ниска.
Da, akò tsenàta e dostàtǝchno nìska.

Yes, if the price is low enough.
jes, if ðǝ prais iz lou i`nʌf.

Разбирам, че отиваш да танцуваш.
Razbiram, che otìvash da tantsùvash.

I understand you're going dancing.
ai ˌʌndǝ`stænd ju: a: `gouiŋ `dænsiŋ.

Да, ако изобщо отида.
Da, akò izòbshto otìda.

Yes, if I go at all.
jes, if ai gou æt ɔ:l.

Мисля, че това е добро.	I think this is good.
Mìslia, che tovà e dobrò.	ai θiŋk ðis iz gu:d.
Мисля, че тя е добър писател.	I think she's a good writer.
Mìslia, che tià e dobằr pisàtel.	ai θiŋk ʃi:z ə gu:d ˋraitə.
Можеш ли да прочетеш това?	Can you read it?
Mòzhesh li da prochetèsh tovà?	kæn ju: ri:d it?
Мисля, че е добре.	I think it's good.
Mìslia, che e dobrè.	ai θiŋk its gu:d.
Аз самият не бих могъл да го напиша.	I couldn't have written it myself.
As samìyat ne bih mogằl da go napìsha.	ai kudnt hæv ˋritn it maiˋself.
Можеш ли да разбереш това?	Can you understand it?
Mòzhesh li da razberèsh tovà?	kæn ju: ˌʌndəˋstænd it?
Мога да го прочета, но не го разбирам.	I can read it, but I don't understand it.
Mòga da go prochetà, no ne go razbìram.	ai kæn ri:d it, bʌt ai dount ˌʌndəˋstænd it?

ПАРИ – MONEY

Нямам достатъчно пари.	I [We, They] don't have enough money.
Niàmam dostàtъchno parì.	ai [wi:, ðei] dount hæv iˋnʌf ˋmʌni.
	ай [уи, дей] дòунт хев инằф мằни.
Има ли някой, който наистина има достатъчно пари?	Does anyone really have enough money?
Ìma li niàkoi, kòito naistìna ìma dostàtъchno parì?	dʌz ˋeniwʌn ˋriəli hæv iˋnʌf ˋmʌni?
	дъз èниуън рùъли хев инằф мằни?

Имате ли дребни пари? *Ìmate li drèbni parì?*	Have you got any change? hæv ju: got `eni `tʃeindʒ? *хѐв ю гот ѐни чѐйндж?*
Искам да осребря тези пътнически чекове. *Ìskam da osrebrià tèzi pùtnicheski chèkove.*	I'd like [I need] to cash some traveller's checks. [I should cash some traveller's checks.] aid laik [ai ni:d] tə kæʃ sʌm `trævələz tʃeks. [ai ʃu:d kæʃ sʌm `trævələz tʃeks.] *айд лайк [ай нѝид] тъ кѐш съм трѐвълъъз чекс. [ай шуд кеш съм трѐвълъъз чекс.]*
Къде мога да обменя малко пари? *Kъdè mòga da obmenià màlko parì?*	Where can I change some money? wɛə kæn ai tʃeindʒ sʌm `mʌni. *уѐъ кен ай чѐйндж съм мѐни?*
Какъв е курсът на долара? *Kakъ̀v e kùrsъt na dòlara?*	What's the exchange rate for [on] dollars? wɔts ði iks`tʃeindʒ reit fo: [on] `dɔləz? *уòтс ди иксчѐйндж рѐйт фо [он] дòлъз?*
Ето моята митническа декларация. *`Eto mòyata mìtnicheska deklaràtsiya.*	Here is my customs declaration form. hiə iz mai `kʌstəms ˌdeklə`reiʃn fɔ:m. *хѝъ из май кѐстъмс дѐклърѐйшън фдоом.*
Може ли да получа паричен аванс с кредитната си карта? *Mòzhe li da polùcha parìchen avàns s krèditnata si kàrta?*	Can I get a cash advance with my credit card? kæn ai get ə kæʃ əd`va:ns wið mai `kredit ka:d? *кѐн ай гет ъ кѐш ъдвàанс уѝд май крѐдит кàад?*

Английска парична система – English Money

А. Монети:
A. Monèti:

А. Coins:
A. kɔinz

аа. Медни монети:
aa. Mèdni monèti:

aa. Copper (coins):
aa. `kɔpə (kɔinz)

  едно пени
  ednò pèni

  a penny
  ə `peni

  две пени
  dve pèni

  twopenny (twopence)
  tʌpeni (`tʌpəns)

аб. Сребърни монети:
ab. Srèbərni monèti:

ab. Silver (coins):
ab. `silvə (kɔinz)

  един шинилг
  edìn shìling

  (a) one shilling (bob);
  fivepenny (fivepence)
  (ə) wʌn `ʃiliŋ (bɔb)
  `faifpeni (`faifpəns)

  десет пени
  dèset pèni

  tenpenny (tenpence)
  `tenpəni (`tenpəns)

  двадесет пени
  dvàdeset pèni

  twentypenny (twentypence)
  `twentipəni (`twentipəns)

  петдесет пени
  petdesèt pèni

  fiftypeny (fiftypence)
  `fiftipəni (`fiftipəns)

  една лира
  ednà lìra

  one pound
  wʌn `paund

Б. Банкноти:
B. Banknòti:

B. (Bank) notès:
B. (`bæŋk) `nouts

  пет лири
  pet lìri

  a five pound note
  ə `faif `paund nout

  десет лири
  dèset lìri

  a ten pound note
  ə ten `paund nout

  двадесет лири
  dvàdeset lìri

  a twenty pound note
  ə `twenti `paund nout

петдесет лири
petdesèt lìri

a fifty pound note
ə ˈfifti ˈpaund nout

Всяка лира има 100 пени.
Vsiàka lìra ìma sto pèni.

There are 100 pennies
in a pound.
ðeə a: wʌn ˈhəndrid ˈpeniz in
ə ˈpaund.

Струва само 39 паунда.
Струва само 59 пенса.

It's only <u>thirty nine pounds
ninety-nine</u> [£39.99]. It's only
<u>fifty-nine pence</u> [59p].

*Strùva samo trìdeset i dèvet
pàunda. Strùva samo petdesèt
i dèvet pènsa.*

its ˈounli θɔ:ti nain paunds
nainti nain. its ˈounli ˈfifti
nain pəns.

Американска парична система
Amerikànska parìchna sistèma

American Money
əˈmerikən ˈmʌni

А. Монети:
A. Monèti:

A. Coins:
A. kɔinz

    един цент
    edìn tsent

    one cent
    wʌn sent

    пет цента
    pet tsènta

    a nickel
    ə nikl

    десет цента
    dèset tsènta

    a dime
    ə daim

    четвърт долар
    chètvʉrt dòlar

    a quarter
    ə ˈkwɔtəˇ ˈdɔlə

    половин долар
    polovìn dòlar

    a silver half dollar
    ə ˈsilvə ha:f ˈdɔlə

    един долар
    edìn dòlar

    a silver dollar
    ə ˈsilvə ˈdɔlə

Б. Банкноти:
B. Banknòti:

B. Banknotes:
B. ˈbæŋknouts:

един долар	a dollar bill
edìn dòlar	ə ˈdɔlə bil
пет долара	a five dollar bill
pet dòlara	ə faif ˈdɔlə bil
десет долара	a ten dollar bill
dèset dòlara	ə ten ˈdɔlə bil
двадесет долара	a twenty dollar bill
dvàdeset dòlara	ə ˈtwenti ˈdɔlə bil
петдесет долара	a fifty dollar bill
petdesèt dòlara	ə ˈfifti ˈdɔlə bil
сто долара	a hundred dollar bill
sto dòlara	ə ˈhʌndrid ˈdɔlə bil

Струва само долар и половина. It's only <u>a dollar and a half</u> [a

Струва само долар и 59 цента.

Strùva sàmo dòlar i polovìna. Strùva sàmo dòlar i petdesèt i dèvet tsènta.

dollar fifty, $1.50]. It's only <u>a dollar fifty-nine [$1.59]</u>.
its ˈounli ə ˈdɔlə bnd ə ha:f [ə ˈdɔlə fifti]. its ˈounli ˈdɔlə ˈfifti-nain.

Струва само 39 долара и 99 цента.

Strùva sàmo trìdeset i dèvet dòlara i devetdesèt i dèvet tsènta.

<u>It's only</u> [The price is] <u>thirty-nine ninety-nine [$39.99</u>, thirty nine dollars and ninety-nine cents].
its ˈounli [ðə prais iz] θə:ti nain ˈnainti nain [θə:ti nain ˈdɔləz ənd ˈnainti nain sents].

активи, авоари; имущество на длъжник, обявил несъстоятелност
aktìvi, avoàri; imùshtestvo na dlъzhnìk, obiàvil nesъstoyàtelnost

assets
ˈæsets

161

Неговите **авоари** не са достатъчни, за да покрият (напр. дълга му).
Nègovite avoàri ne sa dostàtъchni, za da pokrìyat (naprimèr dъlgà mu).

His assets aren't sufficient to cover.

лош дълг, несъбираем дълг
losh dъlg, nesъbiràem dъlg

bad debt
bæd det

Лошият дълг се отписва като несъбираем.
Lòshiyat dъlg se otpìsva kàto nesъbiràem.

Bad debt is written off as uncollectable.
bæd det is ritn ɔf æs ˌənkə`lektəbəl.

баланс
balàns

balance
`bæləns

Може ли да ми проверите **баланса** (сметката)?
Mòzhe li da mi proverìte balànsa (smètkata)?

Could you please check my **balance**?
ku:d ju: pli:z tʃek mai `bæləns?

банка
bànka

bank
bæŋk

Трябва да отида в **банката** този следобед.
Triàbva da otìda v bànkata tòzi sledòbed.

I have to go to the **bank** this afternoon.
ai hæv tə gou ə ðə bæŋk ðis `a:ftə`nu:n

чек, който се осребрява след предявяване или е изписан от банката на нейно име и заверен от нея.
chek, kòito se osrebriàva sled prediaviàvane ilì e izpìsan ot bànkata na nèino ime i zaverèn ot nèya.

banker's check
bæŋkə:z tʃek

Банковият чек е изписан от банката на самата нея.
Bànkoviyat chek e izpìsan ot bànkata na samàta nèya.

A banker's check is drawn on the bank itself.
ə bæŋkə:z tʃek iz droun on ðə bæŋk itself.

касиер (в банка)
kasièr (v bànka)

bank teller
bæŋk ˋtelə

Банковият служител беше ли любезен?
Bànkoviyat sluzhìtel bèshe li ljubèzen?

Was the **bankteller** friendly?
wɔs ðə bæŋk ˋtelə frendli?

бон, облигация, полица
bon, obligàtsiya, pòlitsa

bond
bɔnd

Полицата е документ, издаван от този, който взема назаем.
Politsata e dokumènt, izdàvan ot tòzi, kòito vzèma nazàem.

A **bond** is an IOU* issued by a borrower.

човек, който без предупреждение изземва суми от длъжници, понякога и с насилие
chòvek, kòito bez preduprezhdènie izzèmva sùmi ot dlъzhnìtsi poniàkoga i s nasìlie

bill collector
bil kəˋlektə

Хората, изпратени да вземат дълга, бяха пред вратата му.
Hòrata, izprràteni da vzèmat dъlgà, biàha pred vratàta mu.

Bill collectors were at his door.
bil kəˋlekəz wə: æt hiz do:

купувам
kupùvam

buy
bai

---

* IOU - I owe you (Аз ви дължа) – документ, удостоверяващ получаването на паричен заем.

Искам да купя държавни ценни книжа. *Ìskam da kùpia dʉrzhàvni tsènni knizhà.*	I'd like to buy some government bonds. aid laik tə bai sʌm `gʌvənmənt bɔnds.
разрастващ се пазар; пазар, при който цените растат или се очаква тяхното нарастване *razràstvashti se pazàr; pazàr, pri kòjto tsenìte rastàt ilì se ochàkva tiàhnoto naràstvane.*	bull market bul `ma:kit
Пазарът се разраства чрез предлагане на ценни книжа по Интернет. *Pazàrʉt se razràstva chres predlàgane na tsènni knizhà po ìnternet.*	The market is bullish on internet stock. ðə `ma:kit iz `buliʃ on intə`net stok.
анулиран чек *anulìran chek*	canceled check `kænsəld tʃek
Искам да погледна анулираните ми чекове. *Ìskam da poglèdna anulìranite mi chèkove.*	I'd like to take a look at my canceled checks. aid laik tə teik ə lu:k æt mai `kænsəld tʃeks.
доходи от капитал, нарастване пазарната стойност на капитала* *dòhodi ot kapitàl, naràstvane pazàrnata stòinost na kapitàla*	capital gains `kæpitəl geins
Доходите от капитал се облагат с високи данъци. *Dòhodite ot kapitàl se oblàgat s visòki dànʉtsi.*	Capital gains are taxed at a high rate. `kæpitəl geins a: tækst æt ə hai reit.

---

* Нарастването на пазарната стойност на капитала = разликата между покупната и продажбата цена на актив, когато тази разлика е положителна; реализира се само при осъществяване на продажба.

пари в брой
parì v bròi

Парите в брой могат
скоро да бъдат заменени
с електронни пари.
Parìte v bròi mògat skòro da bìdat zamenèni s elektrònni parì.

осребрявам чек
osrebrià vam chek

Можах да осребря чека.
Mozhàh da osrebrià chèka.

паричен поток
parìchen potòk

Бизнесът има нужда от
достатъчен паричен поток,
за да посрещне непредви-
дените разходи.
Bìznesət ìma nùzhda ot dostàtəchen parìchen potòk, za da posrèshtne nepredvìdenite ràzhodi.

дребни пари, ресто
drèbni parì, rèsto

Имаш ли излишни
(свободни) дребни пари?
Imash li izlìshni (svobòdni) drèbni parì?

чек
chek

Електронните пари могат
да изместят чековете.
Elektrònnite parì mògat da izmèstiat chèkovete.

cash
kæʃ

Cash may soon be replaced
with electronic money.
kæʃ mei su:n bi: `rìpleist wið
ilektr`ɔnik `mʌni.

(to) cash a check
(tə) kæʃ ə tʃek

I could cash a check.
ai ku:d kæʃ ə tʃek.

cash flow
kæʃ flou

Businesses need sufficient
cash flow to meet unexpected
expenses.

`biznis ni:d sə`fìʃənt kæʃ flou
tə mi:t əneks`pektid iks`pensiz

change
tʃeindʒ

Do you have any spare
change?
du: ju: hæv `eni speə `tʃeindʒ?

check [cheque - Br.]
tʃek

Electronic money might
make checks obsolete.
ilektr`ɔnik `mʌni mait meik
tʃeks `ɔbsəli:t

чекова книжка
chèkova knìzhka

Чековата ми книжка не е у мен.
Chèkovata mi knìzhka ne è u men.

монета
monèta

Имате ли монета за телефон?
Ìmate li monèta za telefòn?

консигнация
konsignàtsiya

Продавам своето изкуство на консигнация.
Prodàvam svòeto iskùstvo na konsignàtsiya.

дружество с ограничена отговорност (ООД, ЕООД)
drùzhestvo s ogranichèna otgovòrnost (OOD, EOOD)

Дружеството с ограничена отговорност е юридическо лице.
Drùzhestvoto s ogranichèna otgovòrnost e iuridìchesko litsè.

заплащане стойността на продукта плюс печалба
zaplàshtane stoinosttà na prodùkta pliùs pechàlba

check book
tʃek buːk

I don't have my **checkbook** with me.
ai dount hæv mai ˋtʃek buːk wið miː.

coin
kɔin

Do you have a **coin** for the telephone?
duː juː hæv ə kɔin foː ðə ˋtelifoun?

consignment
kənˋsainmənt

I sell my art on **consignment**.
ai sel mai aːt on kənˋsainmənt.

corporation
ˎkɔpəˋreiʃən

A **corporation** [limited company - Br.] is a legal person.
ə ˎkɔpəˋreiʃən [ˋlimitid ˋkəmpəni] iz ə ˋliːg(ə)l pəːsn.

cost-plus
kɔst plʌs

Предлагаме да работим на база заплащане стойността на продукта плюс печалба.
Predlàgame da rabòtim na bàza zaplàshtane stoinosttà na prodùkta pliùs pechàlba

We propose to work on a cost-plus basis.
wi: prə`pous tə wɔ:k on ə kɔst plʌs `beɪzis.

кредит
krèdit

credit
`kredit

Плащал ли сте редовно получаваните от Вас **кредити** досега?
Plàshtal li ste redòvno poluchàvanite ot vas krèditi dosegà?

Do you have good **credit**?
du: ju: hæv gu:d `kredit?

кредитна карта
krèditna kàrta

credit card
`kredit ka:d

Колко **кредитни карти** имате?
Kòlko krèditni kàrti ìmate?

How many **credit cards** do you have?
hau `meni `kredit ka:ds du: ju: hæv?

валута
valùta

currency
`kʌrənsi

Стабилната **валута** е необходимо условие за правене на бизнес.
Stabìlnata valùta e neobhodìmo uslòvie za pràvene na bìznes.

A stable **currency** is a prerequisite for doing business.
ə steibl iz ə `pri:`rekwizit fo: du:iŋ `biznis.

валутен курс
valùten kurs

currency rate
`kʌrənsi reit

Валутният курс пада главоломно.
Valùtniyat kurs pàada glavolòmno.

The **currency rate** is in free fall.
ðə `kʌrənsi reit iz in fri: fal.

текуща разплащателна сметка	current account
tekùshta razplashtàtelna smètka	`kʌrənt `əkaunt

Колко пари имаш на текущата си сметка?

How much do you have on current account?

Kòlko parì ìmash na tekùshtata si smètka?

hau mʌtʃ du: ju: hæv on `kʌrənt `əkaunt?

дебит
dèbit

debit
`debit

Счетоводството е наблюдение на дебитите и кредитите.

Bookkeeping consists of keeping track of **debits** and credits.

Schetovòdstvoto e nabliudènie na dèbitite i krèditite.

bu:kki:piŋ kʌn`sists əf ki:piŋ træk ə `debits ənd `kredits.

дълг
dʌlg

debt
det

Можеш ли да плащаш дълговете си?

Can you pay your **debts**?

Mòzhesh li da plàshtash dʌlgovete si?

kæn ju: pei jo: dets?

неизпълнение на задълженията
neizpʌlnènie na zadʌlzhèniyata

default
di`fɔ:lt

Неизпълнението на задълженията прави впоследствие по-трудно събирането на парите.

Default on obligations makes subsequent raising of money more difficult.

Neizpʌplnènieto na zadʌlzhèniyata pràvi vposlèdstvie pò trùdno sʌbìraneto na parìte.

di`fɔ:lt on `ɔbligeiʃəns meiks `sʌbsikwənt `reiziŋ əf `mʌni mo: `difikʌlt.

депозит, влог
depòzit, vlog

deposit
di`pɔzit

Тя депозира пари на неговата сметка. *Tià depozìra parì na nègovata smètka.*	She deposited a sum of money in his account. ʃi: di`pɔzitid ə sʌm əf `mʌni in hiz `əkaunt.
вносна бележка *vnòsna belèzhka*	deposit slip di`pɔzit slip
Къде е вносната ти бележка? *Kъde e vnòsnata ti belèzhka?*	Where's your deposit slip? wɛəs jo: di`pɔzit slip?
обезценявам, амортизирам *obeztseniàvam, amortizìram*	Depreciate di`pri:ʃieit
Движимото имущество се обезценява най-много. *Dvìzhimoto imùshtestvo se obeztseniàva nài mnògo.*	Chattel property mostly depreciates in value.
първа вноска *pèrva vnòska*	down payment
Колко трябва да предплатя като първа вноска? *Kòlko triàbva da predplatià katò pèrva vnòska?*	How much do I need to put down? hau mutʃ du: ai ni:d tə put daun?
измама *izmàma*	fraud frɔ:d
Законът би трябвало да осигурява защита срещу измама. *Zakònъt bi triàbvalo da osiguriàva zashtìta srèshtu izmàma.*	Law should protect against fraud. lɔ: ʃu:d prə`tekt ə`geinst frɔ:d.
брутен, общ *brùten, obsht*	gross = total grous
Колко е брутната (общата) ти печалба? *Kòlko e brùtnata (òbshtata) ti pechàlba?*	How much do you gross? hau mʌtʃ du: ju: grous?

твърда валута *tvèrda valùta*	**hard currency** ha:d ˈkʌrənsi
Искаме да правим бизнес в **твърда валута**. *Ìskame da pràvim bìznes v tvèrda valùta.*	We're interested in doing business in **hard currency**. wiːa ˈintristid in duːiŋ ˈbiznis in ha:d ˈkʌrənsi.
поощрение, стимул *pooshtrènie, stimul*	**incentive** inˈsentiv
Всеки има нужда от **стимули** (материални или морални). *Vsèki ìma nùzhda ot stimuli (materiàlni ili moràlni).*	Everyone needs **incentives**. ˈevriwʌn niːds inˈsentivs.
доход *dòhod*	**income** ˈinkʌm
Общият доход едва покриваше разходите. *Obshtiyàt dòhod edvà pokrìvashe ràzhodite.*	Gross **income** barely covered expenses. grous ˈinkʌm ˈbɛəli ˈkʌvəd iksˈpensiz.
инфраструктура *infrastruktùra*	**infrastructure** ˈinfrə.strʌktʃə
Инфраструктура там просто няма. *Infrastruktùra tam pròsto niàma.*	The **infrastructure** just isn't there. ðə ˈinfrə.strʌktʃə dʒʌst iznt ðɛə.
вноска, частично плащане *vnòska, chastìchno plàshtane*	**installment** inˈstɔːlmənt
Изплащаме колата на **вноски**. *Izplàshtame kolàta na vnòski.*	We're paying for the car in **installments**. ˈwiːa peiŋ fə ðə kaː in inˈstɔːlmənts.
лихва *lìhva*	**interest** ˈintrist

Високите **лихвени нива** поощряват спестяванията.
Vìsòkite lìhveni nivà pooshtriàvat spestiàvaniyata.

A high rate of **interest** on money encourages saving.
ə hai reit əf ˈintrist on ˈmʌni inˈkʌridʒis ˈseiviŋ.

лихвен процент
lìhven protsènt

interest rate
ˈintrist reit

Основният **лихвен процент** контролира нивото на инвестициите.
Osnòvniyat lìhven protsènt kontrolìra nivòto na investìtsiite.

The prime **interest rate** controls the rate of investment.
ðə praim ˈintrist reit kənˈtrouls ðə reit əf inˈvestmənt.

инвентаризация, инвентар
inventarizàtsjiya, inventàr

inventory
ˈinvəntəri

Търговците на дребно правят **инвентаризация** в края на годината.
Tʌrgòvtsite na drèbno pràviat inventarizàtsiya v kràya na godìnata.

Retailers take stock of their **inventory** at the end of the year.
riˈteiləz teik stɔk əf ðeə ˈinvəntəri at ði end əf ðə jiə.

фактура
faktùra

invoice
ˈinvɔis

Ще имам нужда от **фактура** за стоките, които си ми донесъл (-сла).
Shte ìmam nùzhda ot faktùra za stòkite, koìto si mi donèsʌl.

I'll be needing an **invoice** on these goods you brought me.
ail bi: ni:diŋ ən ˈinvɔis on ði:z gu:ds, ju: brout mi:.

акредитив
akreditìv

letter of credit
ˈletə əf ˈkredit

Ще ни трябва **акредитив** от Вашата банка.
Shte ni triàbva akreditìv ot vàshata bànka.

We'll be needing a **letter of credit** from your bank.
wil bi: ni:diŋ ə ˈletə əf ˈkredit frəm jo: bæŋk.

дълг; мн.ч. – пасиви *dǎlg; pasìvi*	liability ˈlaiə͵biliti
Основното счетоводно уравнение е: "Активите са равни на пасивите плюс имуществото, което остава при ликвидация след удовлетворяване на кредиторите." *Osnòvnoto schetovòdno uravnènie e: "Aktìvite sa ràvni na pasìvite pliùs imùshtestwoto, koèto ostàva pri likvidàtsiya sled udovletvoriàvane na kredìtorite."*	The basic book keeping equation is: "Assets equal liabilities plus equity."* ðə beisik buːk kiːpiŋ iˈkweiʃən iz: "ˈæsets ˈiːkwəl ˈlaiə͵bilitis plʌs ˈekwiti."
застраховка "Живот" *zastrahòvka "Zhivòt"*	life insurance laif inˈʃuərəns
Направихме си застраховка "Живот". *Napràvihme si zastrahòvka "Zhivòt".*	We took out a life insurance policy. wiː tuːk aut ə laif inˈʃuərəns ˈpolisi.
заем *zàem*	loan loun
Взехме заем от банката. *Vzèhme zàem ot bànkata.*	We got a loan from the bank. wiː got ə loun frəm ðə bæŋk.
ипотека *ipotèka*	mortgage ˈmɔːgidʒ
Ипотекирахме къщата си. *Ipotekìrahme kǎshtata si.*	We took out a mortgage on our house. wiː tuːk aut ə ˈmɔːgidʒ on auə haus.
нетен (чист) *nèten (chist)*	net net

---

* В САЩ пасивите съвпадат с привлечения капитал (Net Worth) и балансът е: активи = пасиви + собствен капитал.

Колко е чистият ти доход? *Kòlko e chìstiyat ti dòhod?*	How much is your **net income**? hau mʌtʃ iz jɔ: net `inkʌm?
банкнота *banknòta*	**banknote** `bæŋknout
Банкнотите са книжни пари, емитирани от централната банка. *Banknòtite sa knìzhni parì, emitìrani ot tsentràlnata bànka.*	**Banknotes** are paper currency issued by the central bank. `bæŋknouts a: `peipə `kʌrənsi `iʃju:d bai ðə `sentrəl bæŋk.
официален курс *ofitsiàlen kurs*	**official rate** ə`fiʃəl reit
Официалният валутен курс се поддържа изкуствено на ниски нива. *Ofitsiàlniyat valùten kurs se poddỳrzha izkùstveno na nìski nivà.*	The **official rate** of exchange is kept artificially low. ði ə`fiʃəl reit əf iks`tʃeindʒ iz kept ˌa:ti`fiʃəli lou.
откривам сметка *otkrìvam smètka*	**open an account** `oupən ən ə`kaunt
Искате ли да откриете сметка? *Ìskate li da otkrìete smètka?*	Do you want to **open an account**? du: ju: wɔnt tə `oupən ən ə`kaunt.
режийни разноски *rezhìini raznòski*	**overhead** `ouvəhed
Трябва да намалим режийните си разноски. *Triàbva da namalìm rezhìinite si raznòski.*	We should try to cut down on our **overhead**. wi: ʃu:d trai tə kʌt daun on `ouə `ouvəhed.
заложна къща *zalòzhna kỳshta*	**pawnshop** `pɔ:nʃɔp

173

Купувал (-а) ли си някога
нещо от заложна къща?
*Kupùval (-a) li si niàkoga
nèshto ot zalòzhna kъ̀shta?*

Have you ever bought
something from a **pawnshop**?
hæv ju: `evə bout sʌmθiŋ
frəm ə `pɔ:nʃɔp?

плащам
plàshtam

pay
pei

Колко плати за това?
Kòlko platì za tovà?

How much did you **pay** for it?
hau mʌtʃ did ju: pei fɔ: it?

дребни разходи на фирма,
които се оправдават
с касова бележка
*drèbni ràzhodi na firma, koìto
se opravdàvat s kàsova belèzhka*

petty cash
peti kæʃ

Вземи ги от парите за
дребни разходи.
*Vzemì gi ot parìte za
drèbni ràzhodi.*

Take it from **petty cash**.
teik it frəm peti kæʃ.

план
plan

plan
plæn

Трябва да представиш
бизнес план, за да вземеш
паричен заем.
*Triàbva da predstàvish bìznes
plan, za da vzèmesh parìchen
zàem.*

You'll need to show a
business **plan** to borrow
money.
ju:l ni:d tə ʃou ə `biznis plæn
tə `borou `mʌni.

цена
tsenà

price
prais

Цената и стойността не са
еквивалентни.
*Tsenàta i stoinosttà ne sa
ekvivalèntni.*

Price and value are not
equivalent.
prais ənd `vælju: a: not
i`kwivələnt.

собственик
sòbstvenik

proprietor
prə`praiətə

Искам да говоря със собственика, ако обичате. *Ìskam da govòria sɤs sòbstvenika, akò obìchate.*	I'd like to speak <u>with</u> [to] the proprietor, please. aid laik tə spi:k wið [tə] ðə prə`praiətə, pli:z.
рекламна листовка *reklàmna listòvka*	**prospectus** `prəs`pektəs
Ще трябва да съставим рекламна листовка. *Shte triàbva da sɤstàvim reklàmna listòvka.*	You'll need to put together a **prospectus**. wi:l ni:d tə put təgeðə ə `prəs`pektəs.
коефициентна възвръщаемост *koefitsiènt na vɤzvrɤshtàemost*	**rate of return** reit əf ri`tə:n
Твоята инвестиция имаше ли добър **коефициент на възвръщаемост**? *Tvòyata investìtsiya ìmashe li dobɤ̀r koefitsiènt na vɤzvrɤshtàemost?*	Did your investment give a good **rate of return**? did jɔ: investmənt giv ə gu:d reit əf ri`tə:n?
недвижимо имущество *nedvìzhimo imùshtestvo*	**real estate** rɪəl i`steit
Недвижимото имущество обикновено увеличава стойността си. *Nedvìzhimoto imùshtestvo obiknovèno uvelichàva stoinosttà si.*	**Real estate** normally appreciates in value. rɪəl i`steit `no:məli ə`pri:ʃɪeits in `vælju:.
на дребно *na drèbno*	**retail** rɪ`teil
Цената на дребно е $29.99 *Tsenàta na drèbno e dvàdeset i dèvet dòlara i devetdesèt i dèvet tsènta.*	It **retails** for $29.99. it rɪ`teils fə: twenti nain nainti nain `dɔləz.

175

годишен доход *godishen dòhod*	revenue ˋrevənju:
Постъпленията от данъци бяха под очакванията. *Postəplèniyata ot dànətsi biàha pod ochàkvaniyata.*	Tax revenue was down on expectations. tæks ˋrevənju: wɔz daun on ˏekspekˋteiʃns.
сейф *sèif*	safety vault ˋseifti vɔ:lt
Ценностите могат да се пазят в сейф. *Tsènnostite mògat da se pàziat v sèif.*	You can keep your precious things in the **safety vault** [safe]. ju: kæn ki:p jɔ: ˋprəʃəz θiŋs in ðə ˋseifti vɔ:lt [seif].
заплата *zaplàta*	salary ˋsæləri
Той печели добра заплата от работата си. *Tòi pechèli dobrà zaplàta ot ràbotata si.*	He earns a good **salary** in his job. hi: ə:ns ə gu:d ˋsæləri in his dʒɔb.
акция, част, дял *àktsiya, chast, diàl*	share ʃeə
Акциите се продават на фондовите борси. *Aktsiite se prodàvat na fòndovite bòrsi.*	Shares are traded in stock markets. ʃeəz a: treidid in stɔk ˋma:kits.
акционер *aktsionèr*	shareholder ˋʃeəˏhəuldə
Акционерите бяха малко нервни. *Aktsionèrite biàha màlko nèrvni.*	The shareholders were a bit nervous. ðə ˏʃeəˋhəuldəz wə: əbit ˋnə:vəs.
фондова борса *fòndova bòrsa*	stock-exchange ˋstɔk iks.tʃeɪndʒ

На фондовата борса се
търгуват капитали и ценни
книжа.
*Na fòndovata borsa se tərgùvat
kapitàli i tsènni knizhà.*

Stocks and bonds are traded
on the **stock-exchange**.
stɔks ənd bɔnds a: ˈtreidid on
ðə ˈstɔk iks. tʃeimdʒ.

предлагане и търсене
predlàgane i tə̀rsene

supply and demand
səˈplai ənd diˈma:nd

Балансът между количеството
стоки за продан (предлагане)
и количеството, което хората
всъщност искат да купят
(търсене) определя цената.
*Balànsət mezhdu kolìchestvoto
stòki za pròdan (predlàgane) i
kolìchestvoto, koèto hòrata
vsə̀shtnost ìskat da kùpiat
(tə̀rsene) opredèlia tsenàta.*

The balance between the
amount of goods for sale (**supply**)
and the amount that people
actually want to buy (**demand**)
determines price.
ðə ˈbæləns biˈtwi:n ði əˈmount
əf gu:ds fə ˈseil (səˈplai) ənd
ði əˈmaunt ðæt pi:pl ˈæktjuəli
wɔnt tə bai (diˈma:nd)
ditə:mins ˈpraisis.

данък
dànək

tax
tæks

Данъчната събираемост
не е достатъчна, за да
поддържа услугите, които
държавата предлага на
населението.
*Dànəchnata səbiràemost ne e
dostàtəchna, za da poddə̀rzha
uslùgite, koìto dərzhàvata
predlàga na naselènieto.*

Tax collection isn't sufficient
to support government
services.
tæks kəˈlekʃn iznt səˈlekʃn tə
səˈpɔ:t ˈgʌvnmənt ˈsə:vis.

ваучър, бордеро
vàuchər, borderò

voucher
ˈvautʃə

Ваучерът е вид удостоверение,
което може да бъде използвано
вместо пари за конкретна цел:
*A voucher is a kind of ticket
that may be used instead of
money for a particular purpose:*

177

туристически ваучър *Vàucherәt e vid udostoverènie* *koèto mòzhe da bъ̀de ispòlzvano* *vmesto parì za konkrètna tsel:* *turistìcheski vàuchәr.*	a travel voucher. ә `vautʃә iz ә kaind әf ti`kit ðæt meibi: ju:zd ins`ted of `mʌni fo ә pәtikjulә `pә:pәs : ә trævl `vautʃә.
работна заплата, заплащане *rabòtna zaplàta, zaplàshtane*	wage weidʒ
Може би е по-добре да се ра- боти на почасово заплащане. *Mòzhe bi e pò dobrè da se ra-* *bòti na pochàsovo zaplàshtane.*	Perhaps it's better to work for an hourly wage. pә:`hæps its `betә tә wә:k fo: әn hauәli weidʒ.
тегля (пари) *tèglia (parì)*	withdraw `wiθdrɔ:
Искам да изтегля пари от банковата си сметка. *Ìskam da iztèglia parì* *ot bànkovata si smètka.*	I'd like to withdraw some money from my account. aid laik tә wiθdrɔ: sʌm `mʌni from mai
търговия на едро *tәrgovìya na èdro*	wholesale `houlseil
Знаеш ли къде мога да купя стоки на едро? *Znàesh li kъdè mòga da kùpia* *stòki na èdro?*	Do you know where I can buy wholesale? du: ju: nou weә ai kæn bai `houlseil?

ПЕРАЛНЯ, ХИМИЧЕСКО ЧИСТЕНЕ, ПОПРАВКИ – LAUNDRY, DRY CLEANING, AND MENDING

Трябва да си изпера дрехите. *Triàbva da si izperà drèhite.*	My clothes need <u>washing</u> [to be washed]. mai klɔðs ni:d `wɔʃiŋ [tә bi: `wɔʃt]. *май клотс нийд уòшин* *[тъ би уòшт].*

Костюмът ми трябва да се даде в "Химическо чистене". *Kostiùmъt mi triàbva da se dadè v "Himìchesko chìstene".*	My suit [dress] needs dry cleaning. mai sju:t [dres] ni:ds drai `kli:niŋ. *май сюут [дрес] нùидс драй клùйнин.*
Къде има <u>пералня</u> [хим. чистене]? Къде да дам костюма си за химическо чистене? *Kъdè ìma peràlnia [himìchesko chìstene]? Kъde da dam kostiùma si za himìchesko chìstene?*	Where can I find a <u>laundry</u> [dry cleaners]? Where can I have my suit dry cleaned? wɛə kæn ai faind ə `lɔ:ndri [drai `kli:nəz]? wɛə kæn ai hæv mai sju:t drai kli:nd? *уèъ кен ай файнд ъ лòндри [драй клùйнъз]? уèъ кен ай хев май сют драй клийнд?*
Искам да преправя костюма си при майстор. Искам да намеря шивач. *Ìskam da prepràvia kostiùma si pri màistor. Ìskam da namèria shivàch.*	I'd like to find someone <u>to mend my suit</u> [who does sewing]. I'd like to find a tailor. aid laik tə faind sʌmwʌn tə mend mai sju:t [hu: dʌz sju:iŋ] aid laik tə faind ə `teilə. *айд лайк тъ файнд съмуън тъ менд май сюут [ху дъз сùуин]. айд лайк тъ файнд ъ тèйлъ.*

ПЛАЩАНЕ – PAYING THE BILL

Сметката, моля. *Smètkata, mòlia.*	<u>May</u> [Might, Can, Could] I have the bill, please. mei [mait, kæn, ku:d] ai hæv ðə bil, pli:z. *мей [майт, кен, кỳуд] ай хев дъ бил, плùиз.*

Данъкът [бакшишът] включен ли е?
Dànəkət [bakshìshət] vkliùchen li e?

Is tax [the tip] included?
iz tæks [ðə tip] in`klu:did?
из текс [дъ тип] инклюдид?

Колко струва общо?
Kòlko strùva òbshto?

What does that come to?
wɔt dʌz ðæt kʌm tə?
уот дъз дет към тъ?

Колко струва това?
Kòlko strùva tovà?

How much is it [the bill]?
hau mʌtʃ iz it [ðə bil]?
хау мъч из ит [дъ бил]?

Може ли да платя с кредитна карта [с пътнически чекове]?
Mòzhe li da platià s krèditna kàrta [s pətnicheski chèkove]?

Can I pay by credit card [with traveller's check]?
kæn ai pei bai `kredit ka:d [wið trævələ:z tʃeks]?
кен ай пей бай крèдит кààд [уùд трèвълъъз чекс]?

Мисля, че сте ми върнали неправилно рестото.
Mìslia, che ste mi vərnali nepràvilno rèstoto.

I think you've given me the wrong change [made mistake].
ai θiŋk ju:v givn mi: ðə `rɔŋ tʃeindʒ [meid mis`teik].
ай тùнк юв гùвн ми дъ ро̀н чèйндж [мèйд мистèйк].

Дайте ми квитанция [сметката], моля.
Dàite mi kvitàntsiya [smètkata], mòlia.

I'd like a receipt [the bill] please.
aid laik ə ri`si:t [ðə bil], pli:z.
айд лайк ъ рисùит [дъ бùл], плùиз.

ПОДАРЪЦИ, СУВЕНИРИ – GIFTS AND SOUVENIRS

Търся магазин за сувенири. [Търся да купя сувенири.]
Tərsia magazìn za suvenìri. [Tərsia da kùpia suvenìri.]

I'm looking for a souvenir [gift] shop. [I'm looking to buy some souvenirs.]
aim lu:kiŋ fɔ: ə `su:vəniə [gift]

	ʃɒp. [aim lu:kiŋ tə bai sʌm `su:vəniəs.] а́йм лу́укин фо ъ су́вениъ [гифт] шоп [а́йм лу́укин тъ ба́й съм су́увъниъс.]
Виждам, че цената е в левове. Колко струва в долари? *Vìzhdam, che tsenàta e v lèvove. Kòlko strùva v dòlari?*	I see the price is in levs. How much {is it} in dollars? ai si: ðə prais iz in levs. hau mʌtʃ {iz it} in `dɔləz? ай си́и дъ прайс из ин ле́вс. ха́у мъч {из ит} ин до́лъз?
Искам да купя подарък за моя съпруг [съпруга, дъщеря, приятел]. *Ìskam da kùpia podàrъk za moya sъprùg [sъprùga, dъshterià, priyàtel].*	I'm buying a present for my <u>husband</u> [wife, daughter, friend]. aim baiŋ ə `prezənt fɔ: mai `hʌzbənd [waif, dɔ:tə, frend]. айм ба́ин ъ пре́зънт фо май хъ́збънт [уа́йф, до́тъ, френд].
Търся по-традиционен подарък. Имате ли ръчно изработени предмети? *Tъ̀rsia pò traditsiònen podàrъk. Ìmate li rъ̀chno izrabòteni predmèti?*	I'm looking for a more traditional gift. Do you have any handicrafts? aim lu:kiŋ fɔ: ə mɔ: trə`diʃənəl gift. du: ju: hæv `eni `hændi`kra:fts? айм лу́укин фо ъ мо́о тръди́шънъл гифт. дъ́ ю хев е́ни хе́ндикрафтс?
Това ръчна изработка ли е? Това тук ли е правено? *Tovà rъ̀chna izrabòtka li e? Tovà tuk li e pràveno?*	Is <u>this</u> [that, it] hand-made? Was <u>this</u> [it] made locally? iz ðis [ðæt, it] `hænd`meid? wɔz ðis [it] meid `loukəli? из дис [дат, ит] хе́нд-мейд? уъз дис [ит] мейд ло́укъли?

181

Имате ли нещо за малко дете? Какво имате за любимото ми 4-годишно дете?
Ìmate li nèshto za màlko detè? Kakvò ìmate za liubìmoto mi chètirigodìshno detè?

Do you have anything for a young child? What do you have for my favorite 4 year old?
du: ju: hæv `eniθiŋ fo: ə jʌŋ tʃaild? wɔt du: ju: hæv fɔ: mai `feivərit fɔ: jiə ould?
дỳ ю хев èнитин фо ъ йъ̀н чайлд? уòт дỳ ю хев фо май фѐйвърит фò иъ òулд?

Искам нещо малко по-евтино [малко по-хубаво].
Ìskam nèshto màlko pò èftino [màlko pò hùbavo].

I need something a <u>bit less expensive</u> [little better].
ai ni:d sʌmθiŋ ə bit les ik`pensiv [litl `betə].
ай нùид съ̀мтин ъ бùт лèс икспèнсив [литл бèтъ].

Може ли да направите подаръчна опаковка?
Mòzhe li da navràvite podàrъchna opakòvka?

Can you gift wrap it {for me}?
kæn ju: gift ræp it {fɔ: mi:}?
кèн ю гùфт рèп ит {фò ми}?

ПОЗДРАВИ – GREETINGS
Главата е озвучена в звукозаписа.

Здравей!
Zdravèi!

<u>Hello!</u> [Hi!]
he`lou [hai]

Добро утро.
Dobrò ùtro.

<u>Good morning.</u> [How are you this morning?]
gu:d `mɔ:niŋ [hau a: ju: ðis `mɔ:niŋ?]

Добър ден.
Dòbъr den.

Good afternoon.
gu:d æftənu:n.

Добър вечер.
Dòbъr vècher.

Good evening.
gu:d `i:vniŋ.

Довиждане.
Dovìzhdane.

Goodbye. [Take care.]
gud`baı. [teik `keə]

Лека нощ. [Сладки сънища.]
Lèka nosht. [Slàdki sònishta.]

Good night. [Sweet dreams.]
gu:d `nait. [swi:t dri:ms.]

Приятно ми е да се
запознаем.
Priyàtno mi e da se zapoznàem.

Pleased to meet you. [How
are you doing?]
pli:zt tə mi:t ju:. [hau a: ju: duiŋ]

Как си?
Добре, благодаря. Добре
съм, благодаря.
Kak si?
Dobrè, blagodarià.
Dobrè sъm, blagodarià.

How are you {doing}?
Fine, thank you. I'm doing
fine, thank you.
hau a: ju: {du:iŋ}?
fain, θæŋk ju:. aim du:iŋ
fain, θæŋk ju:.

Ще се видим скоро.
Бих искал (-а) да те видя
отново скоро.
Shte se vìdim skòro.
Bih ìskal (-a) da te vìdia
otnòvo skòro.

See you soon.
I'd like to see you again soon.
si: ju: su:n.
aid laik tə si: ju: ə`gein su:n.

Ще се видим по-късно.
Shte se vìdim pò kъsno.

See you later. [Till next time.]
si: ju: `leitə. [til nekst taim.]

ПОКУПКИ – BUYING AND BARGAINING

Искам да погледна отблизо
онова там.
Това ли? Не, онова.
Ìskam da poglèdna otblìzo
onovà tam.
Tovà li? Ne, onovà.

I'd like to take a closer look
at that one over there.
This one? No, that one.
aid laik tə teik ə `klousə lu:k
æt ðæt wʌn `ouvə ðeə.
ðis wʌn? nou, ðæt wʌn.
айд лайк тъ тейк ъ клôусъ
лу̀ук ет дàт уънъ ôувъ дèъ.
дис уън? нôу, дàт уън.

183

Колко струва това?
Kòlko strùva tovà?

How much is it [that one, this one]?
hau mʌtʃ iz it [ðæt wʌn, ðis wʌn]?
хàу мъч ùз ит [дàт уън, дùс ун].?

Имате ли друго [два броя от това]?
Ìmate li drùgo [dva bròya ot tovà]?

Do you have another one [two of them]?
du: ju: hæv ə`nʌðə wʌn [tu: əf ðem]?
дỳ ю хев ънъ̀дъ уъ̀н [тỳ ъф дем]?

Можете ли да ми направите отстъпка? Ще ви дам $10.
Mòzhete li da mi navràvite otstъ̀pka? Shte vi dam dèset dòlara.

Can you give me a discount? I'll give [offer] you $10.
kæn ju: giv mi: ə `diskaunt? ail giv [ɔfə] ju: ten `dɔləz.
кèн ю гùв ми ъ дискàунт? айл гив [òфъ] ю тèн дòлъз.

"Сънди таймс", моля.
"Sèndi tàims", mòlia.

The Sunday Times, please.
ðə `sʌndi taims, pli:z.
дъ сънди таймс, плùиз.

Две кила [паунда] ябълки, моля.
Dve kilà [pàunda] yàbъlki, mòlia.

Two kilo [pounds] of apples, please.
tu: `kiləu [paunds] əf æpls, pli:z.
тỳ кùлъу [пàундс] ъф еплс, плùиз.

Хлябът пресен ли е?
Hliàbъt prèsen li e?

Is the bread fresh?
iz ðə bred freʃ?
ùз дъ бред фреш?

Къде има магазин за хранителни стоки? Има магазин веднага след ъгъла.
Kъdè ìma magazìn za hra-

Where can I find a grocery store? There's a shop [minimart, deli, supermarket] just around the corner.

184

nìtelni stòki? Ìma magazìn vednàga zad ъ̀gъla.

Има ли зеленчуков пазар [щанд] наблизо? Търся домати [плодове].
Ìma li zelenchùkov pazàr [shtand] nablìzo? Tърsia domàti [plodovè].

С какво мога да Ви помогна? Един черен [френски, бял] хляб, моля.
S kakvò mòga da vi pomògna? Edìn chèren [frènski, biàl] hliàb, mòlia.

wεə kæn ai faind ə ˈgrousəri stɔ:? ˈðeəz ə ʃɒp dʒʌst əˈraund ðə ˈkɔ:nə.
уеъ кен ай файнд ъ гро̀усъри сто̀о? дѐъз ъ шоп джъст ъра̀унд дъ ко̀онъ.

Is there a vegetable market [stand] nearby? I'm looking for some tomatoes [fruit].
iz ðeə ə ˈvedʒitəbəl ˈma:kit [stænd] niəbai? aim lu:kiŋ fɔ: sʌm təˈma:tous [fru:t].
из дѐъ ъ вѐджитъбъл ма̀акит [стенд] нѝъбай? айм лу̀укин фо съм тъма̀атоус [фру̀ут].

What can I help you with? A loaf of dark [French, white] bread please.
wɔt kæn ai help ju: wið? ə louf əf da:k [frentʃ, wait] bred, pli:z.
уо̀т кен ай хѐлп ю уйд? ъ ло̀уф ъф да̀ак [френч, уайт] бред, плѝиз.

ПОЛИЦИЯ – POLICE

Трябва да извикаме полиция.
Triàbva da izvìkame polìciya.
We should call the police.
wi: ʃu:d kɔ:l ðə pəˈli:s.
уй шуд кол дъ пъли̇ис.

Къде е полицейското управление?
Kъdè e politsèiskoto upravlènie?
Where is the police station?
wεə iz ðə pəˈli:s ˈsteiʃn?
уѐъ из дъ пъли̇ис стѐйшън?

Разбиха ми колата.
Razbìha mi kolàta.

My car has been broken into.
mai ka: hæs bi:n ˈbroukən ˈintə.
май ка̀а хèз бѝин стòулън.

Откраднаха ми колата.
Otkràdnaha mi kolàta.

My car has been stolen.
mai ka: hæs bi:n ˈstoulən.

Обраха ме.
Obràha me.

I've been robbed.
aiv bi:n rɔbd.
айв бѝин робд.

Катастрофирах.
Katastrofìrah.

I've had an accident.
aiv hæd ən ˈæksidənt.
ай хев хèд ън ексидънт.

Колко е глобата?
Kòlko e glòbata?

How much is the fine?
hau mʌtʃ iz ðə fain?
ха̀у мъч из дъ файн?

Може ли да платя в полицейското управление?
Mòzhe li da platià v politsèiskoto upravlènie?

Can I pay at the police station?
kæn ai pei æt ðə pəˈli:s ˈsteiʃn?
кèн ай пей ет дъ пълѝйс стèйшън?

Не нося шофьорската книжка със себе си.
Ne nòsia shofiòrksata knìzhka sъs sèbe si.

I don't have my driving licence on me.
ai dount hæv mai ˈdraiviŋ ˈlaisəns on mi:.
ай до̀унт хев май дра̀йвин ла̀йсънс о̀н ми.

Извинете ме, г-н началник.
Izvinète me, gospodìn nachàlnik.

I'm very sorry, officer.
aim ˈveri ˈsɔri, ˈɔfisə.
айм вèри со̀ри, о̀фисъ.

Не знаех <u>правилата</u> [пътя].
Ne znàeh pravilàta [pètia].

I wasn't familiar enough with the <u>regulations</u> [road].
ai wɔznt fæˈmiliə iˈnʌf wið ðə ˌregjuːˈleiʃəns [ˈroud].
ай уъзнт фемѝлиъ инèф уид дъ рèгюлèйшънс [ро̀уд].

186

ПОПРАВКИ – REPAIRS

Това е счупено (скъсано).
Tovà e schùpeno (skèsano).

This is broken (torn).
ðis iz `broukən (tɔːn).
дис из брòукън [тòон].

Можете ли да поправите това?
Mòzhete li da popràvite tovà?

Can you repair it?
kæn juː riˋpɛə it?
кèн ю рипèъ ит?

Може ли да се поправи?
Mòzhe li da se popràvi?

Can it be repaired?
kæn it biː riˋpɛəd?
кèн ит би рипèъд?

Можете ли да го направите бързо?
Mòzhete li da go napràvite bèrzo?

Can you do it quickly?
kæn juː duː it ˋkwikli?
кèн ю дỳ ит куùкли?

Може ли да поправите това сега?
Mòzhe li da popràvite tovà segà?

Can you repair it right now [immediately]?
kæn juː riˋpɛə it rait nau [iˋmiːdiətli]?
кèн ю рипèъ ит райт нàу [имùдиътли]?

Кога ще бъде готово?
Кога мога да го взема?
Kogà shte bède gotòvo?
Kogà mòga da go vzèma?

When will it be finished [done]? When can I pick it up?
wen wil it biː ˋfiniʃt [dʌn]?
wen kæn ai pik it ʌp?
уèн уùл ит би фùништ [дън]? уèн кен ай пùк ит ъп?

Шевът ми се разши.
Shèvət mi se razshì.

The stitching [seam] has come undone.
ðə ˋstitʃiŋ [siːm] hæz kʌm ʌnˋdʌn.
дъ стùчин [сийм] хез към ъндèн.

187

Извади се [счупи се] дръжката. *Izvàdi se [schùpi se] drùzhkata.*	The handle has come off [broken]. ðə hændl hæz kʌm of [ˋbroukən]. *дъ хѐндл хез към òф [брòукън].*
Счупих чаша [прозореца]. *Schùpih chàsha [prozòretsa].*	I've broken the glass [window]. aiv ˋbroukən ðə gla:s [ˋwindou]. *айв брòукън дъ глàас [уѝндъу].*
Искам малко тиксо [лепило, безопасна игла]. *Ìskam màlko tìkso [lepìlo, bezopàsna iglà].*	I need some {adhesive} tape [some glue, a safety pin]. ai ni:d sʌm {ədˋhi:ziv} teip [sʌm glu:, ə ˋseifti pin]. *ай нѝид съм {ъдхѐсив} тейп [съм глỳу, ъ сèйфти пин.]*

ПОСОКИ – DIRECTIONS
Главата е озвучена частично в звукозаписа.

ляво *liàvo*	left left
дясно *diàsno*	right rait
направо *napràvo*	straight streit
изток *ìztok*	East i:st
Запад *zàpad*	West west
Север *sèver*	North nɔ:θ

188

Юг
yùg

Как да стигна до летището [гарата, централната автогара]? Кой автобус да взема [отива до летището]? *Kak da stìgna do letìshteto [gàrata, tsentràlnata avtogàra]? Kòi avtobùs da vzèma [otìva do letìshteto]?*	South sauθ How do I get to the airport [train station, central bus station]? Which bus do I take [goes to the airport]? hau du: ai get tə ðə ˈɛəроːt [trein ˈsteiʃn, sentral bʌs ˈsteiʃn]? witʃ bʌs du: ai teik [gous tə ði ɛəроːt]? *хàу ду ай гèт тъ ди èъпоот [трèйн стèйшън, сèнтръл бъс стèйшън]? уùч бъс дỳ ай тèйк [гòус тъ ди èъпоот]?*
Далеч ли е пеша? *Dalèch li e peshà?*	Is it too far to walk? iz it tu: fa: tə wɔːk? *ùз ит тỳу фàа тъ уòок?*
Можете ли да ме упътите? *Mòzhete li da me upъ̀tite?*	Can you give me directions? kæn juː giv miː ˈdairekʃənz? *кèн ю гив ми дàйрèкшънз?*
Как да стигна до НДК? *Kak da stìgna do èn dè kà?*	Which way is it to NDK? witʃ wei iz it tə en di: kaː? *уùч уèй ùз ит тъ èн дè кà?*
По коя улица да вървя [кой трамвай да взема]? *Po koyà ùlitsa da vърvià [kòi tramvài da vzèma]?*	Which street [tram] do I take? witʃ striːt [træm] du: ai teik? *уùч стрùит [трèм] дỳ ай тèйк?*
Къде да завия за Пловдив? *Kъdè da zavìya za Plòvdiv?*	Where do I [is the] turn for Plovdiv? wɛə du: ai [iz ðə] tʌːn fɔː plovdiv? *уèъ дỳ ай [ùз дъ] тъ̀ън фо плòвдив?*

189

| Как да се върна обратно на магистралата?
 Kak da se vèrna obràtno na magistràlata? | How do I get back to [on] the main road?
 hau du: ai get bæk tə [on] ðə mein roud?
 хàу ду ай гѐт бèк тъ [он] дъ мейн рòуд? |

| <u>Сбърках пътя</u> [изгубих се и не знам къде съм].
 Sbèrkah pètia [izgùbih se i ne znam kədè səm]. | <u>I've lost my way.</u> [I'm lost, I don't know where I am.]
 aiv lost mai wei [aim lost, ai dount now wɛə ai æm].
 айв лост май уѐй [айм лост, ай дòунт нòу уѐъ ай ем]. |

| Къде искаш да отидеш?
 Kədè ìskash da otìdesh? | Where do you want to go?
 wɛə du: ju: wɔnt tə gou?
 уѐъ дỳ ю уòнт тъ гòу? |

| Можете ли да ми покажете на картата?
 Mòzhete li da mi pokàzhete na kàrtata? | Can you show me on the map?
 kæn ju: ʃou mi: on ðə mæp?
 кèн ю шòу ми он дъ мèп? |

| Летището е на <u>север</u> [северозапад, изток, юг, запад] оттук.
 Letìshteto e na sèver [severozàpad, ìztok, yùg, zàpad] ottùk. | The airport is <u>north</u> [northwest, east, south, west] of here.
 ði `ɛəpɔ:t iz nɔ:θ [nɔ:θwest, i:st, sauθ, west] əf hiə.
 ди èъпоот из нòот [нòотуèст, ùист, сàут, уèст] ъф хùъ. |

ПОЩА – POST OFFICE

| Къде е пощата?
 Kədè e pòshtata? | Where is the post office?
 wɛə iz ðə poust `ɔfis?
 уѐъ из дъ пòуст òфис? |

Къде мога да <u>изпратя факс</u> [да намеря телефон]? *Kədè mòga da izpràtia faks [da namèria telefòn]?*	Where can I <u>send a fax</u> [find a telephone]? wɛə kæn ai send ə fæks [faind ə `telifoun]? *уеъ кèн ай сенд ъ фèкс [файнд ъ тèлифòун]?*
Има ли <u>пощенска кутия</u> [електронна поща] наблизо? Къде мога да изпратя това по електронна поща? *Ìma li pòshtenska kutìya [elektrònna pòshta] nablìzo? Kədè mòga da izpràtia tovà po elektrònna pòshta?*	<u>Is there a letter-box [mailbox] near-by?</u> [Where can I mail this?] iz ðɛə ə `letə-boks [`meil`boks] niəbai? [wɛə kæn ai meil ðis?] *из дèъ ъ лèтъ-бòкс [мейл бокс] нùъбай? [уèъ кен ай мейл дис?]*
Искам да изпратя <u>препоръчано писмо</u> [колет, пратка, печатни материали]. *Ìskam da izpràtia preporə̀chano pismò [kolèt, pràtka, pechàtni materiàli].*	I'd like to send <u>a registered letter</u> [a <u>package</u> [parcel], some printed materials]. aid laik tə send ə redʒistə:d `letə [ə `pækidʒ, [`pa:səl], sʌm `printid mə`tiəriəls]. *айд лайк тъ сенд ъ рèджистъъд лèтъ [ъ пèкидж, [пàасъл], съм прùнтид мътùъриълс].*
Искам да изпратя <u>електронна поща</u> [факс]. *Ìskam da izpràtia elektrònna pòshta [faks].*	I'd like to send <u>an e-mail</u> [a fax]. aid laik tə send ən `i:`meil [ə fæks]. *айд лайк тъ сенд ън ù мейл [ъ фèкс].*
Къде е гише "До поискване"? "До поискване" е там. *Kədè e gishè "Do poiskvane"? "Do poiskvane" e tam.*	Where can I receive general delivery? <u>General delivery</u> [Poste restante] is over there. wɛə kæn ai ri`si:v `dʒenərəl

191

	di`livəri? `dʒenərəl di`livəri [poust ri`sta:nt] iz `ouvə ðeə. уеъ кен ай рисѝйв дженъръл дилѝвъри? джѐнъръл дилѝвъри [пòуст ристàант] из òувъ дèъ.
Лицето е заминало без да остави адрес. Litsèto e zamìnalo bez da ostàvi adrès.	Addressee {is} no longer at given address, {and there is} no forwarding address. ædre`si: {iz} nou `loungə æt `gɪvn ə`dres {ənd ðeə iz} nou fɔ`wə:dɪŋ ə`dres. едресѝи {из} нòу лòнгъ ет гивн ъдрѐс {ънд дѐъ из} нòу фъуòодик ъдрѐс.
Колко Ви дължа? Колко ще струва да изпратя това до Щатите? Kòlko vi dəlzhà? Kòlko shte strùva da izpràtia tovà do Shtàtite?	How much <u>do I owe</u> [is it]? How much will it cost to send this to states? hau mʌtʃ du: ai ou [iz it]? hau mʌtʃ wil it koust tə send ðis tə `steits? хàу мъч дỳ ай òу ю [ùз ит]? хàу мъч уйл ит кòуст тъ сенд дис тъ стèйтс?

РЕСТОРАНТ – EATING OUT (RESTAURANT)

Гладен (гладна) съм. Glàden (glàdna - f.) səm.	I'm hungry. aim `hʌŋgri. айм хѐнгри.
Искам да хапна {пица, в ресторант, китайска кухня за вкъщи}. Хайде да ядем пица. Ìskam da hàpna {pìtsa, v	I'm hungry {for pizza, for a sit-down meal, for Chinese take-out}. Let's {go} have a pizza. aim `hʌŋgri {fɔ: `pitsə, fɔ: ə

restoràmt, kitàiska kùhnia za vkèshti}. Hàide da yadèm pìtsa.	`sit`daun mi:l, fɔ: `tʃai`ni:z teik out}. lets {gou} hæv ə `pitsə.
	айм хѐнгри {фо пѝца, фо ъ сѝит дàун мѝил, фо чàинииз тейк àут}. летс {го̀у} хев ъ пѝцъ.
Искам да закуся [да обядвам, да вечерям, да изям сандвич]. Ìskam da zakùsia [da obiàdvam, da vechèriam, da iziàm sàndvits].	I'd like to have breakfast [lunch, dinner [supper], a snack [sandwich]]. aid laik tə hæv `brekfəst [lʌntʃ, `dinə [`sʌpə], ə snæk `sændwitʃ]]. айд лайк тъ хев брѐкфъст [лънч], дѝнъ [съ̀пъ], ъ снѐк [сѐндуич].
Има ли наблизо ресторант [кафене]? Ima li nablìzo restoràntv [kafenè]?	Is there a restaurant [sandwich shop, deli] nearby? iz ðeə ə `restərən [`sændwitʃ ʃɔp, `deli] `niəbai? из дѐъ ъ рѐсторон [сѐндуич шоп, дѐли] нѝъбай?
Искам да запазя маса за вечеря довечера. Ìskam da zapàzia màsa za vechèria dovèchera.	I'd like to reserve a table for dinner tonight. aid laik tə ri`zə:v ə `teibəl fɔ: `dinə tə`nait. айд лайк тъ ризѐъв ъ тѐйбъл фо дѝнъ тънàйт.
За колко души? За осем души. Za kòlko dùshi? Za òsem dùshi.	For a party of how many? It's a party of eight. fɔ: ə pa:ti əf hau `meni? its ə pa:ti əf eit. фо ъ пàати ъф хàу мѐни? итс ъ пàати ъф ейт.

Искам маса...	I'd like a table...
Ìskam màsa...	aid laik ə teibəl...
	айд лайк ъ тèйбъл...

до прозореца
do prozòretsa

next to the window
nekst tə ðə `windou
нèкст тъ дъ уùндъу

до вратата
do vratàta

next to the door
nekst tə ðə dɔ:
нèкст тъ дъ дòо

в центъра
v tsèntrъra

in the center
in ðə `sentə
ин дъ сèнтъ

в залата за <u>непушачи</u>
[пушачи]
*v zàlata za nepushàci
[pushàchi]*

in the <u>non-smoking</u>
[smoking] section
in ðə `non`smoukiŋ
[`smoukiŋ] `sekʃən
*ин дъ нòнсмòукин
[смòукин] сèкшън*

в тих ъгъл
v tih ъ̀gъl

in a quiet corner
in ə `kwaiət kɔ:nə
ин дъ кòонъ

до оркестъра
do orkèstъra

near the band
`niə ðə bænd
нùъ дъ бèнд

Искате ли питие?
Ìskate li pitiè?

Would you like a drink?
wu:d ju: laik ə driŋk?
ỳуд ю лайк ъ дрùнк?

Искате ли нещо за пиене?
Искам <u>бира</u> [джин и тоник,
чаша портокалов сок].

*Ìskate li nèshto za piene?
Ìskam bìra [dzhin i tònik,*

Would you like something to
drink? I'd like a <u>beer</u> [gin
and tonic, glass of orange
juice].

wu:d ju: laik sʌmθiŋ tə driŋk?
aid laik ə biə [dʒin ənd `tɔnik,

chàsha portokàlov sok].

gla:s əf ɔrindʒ dʒju:s].
*ўуд ю лайк съмтин тъ дринк?
айд лайк ъ биъ [джин ънд
тòник, глàас ъф òриндж
джю̀ус].*

Може ли да пуша?	Do you mind if I smoke?
Пречи ли Ви пушенето?	Does smoking bother you?
Mòzhe li da pùsha?	du: ju: maind if ai smouk?
Prèchi li vi pùsheneto?	dʌz smoukiŋ bɔðə ju:?
	*дỳ ю майнд иф ай смòук?
дъз смòукин бòдъ ю?*

Ще поръчате ли вечеря или да Ви сервирам комплексно меню?
Shte porỳchate li vechèria ili da vi servìram komplèksno menю̀?

Would you like to order dinner or serve yourself a la carte?
wu:d ju: laik tə ɔ:də `dinə ɔ: sə:v jo:self a la ka:t?
ỳуд ю лайк тъ òдъ дùнъ о съв йосèлв а ла кàат?

Може ли да ми донесете салфетка [чаша вода, друга лъжица], моля?
Mòzhe li da mi donesète salfètka [chàsha vodà, drùga lъzhìtsa], mòlia?

Could you bring me napkin [glass of water, another spoon], please.
ku:d ju: briŋ mi: næpkin [gla:s əf `wɔtə, ə`nʌðə spu:n], pli:z.
кỳуд ю брùн ми нèпкин [глàас ъф уòтъ, ънъ̀дъ спуун], плùиз. уил би нùидин ънъ̀дъ плèйс сèтин.

Може ли още един комплект прибори?
Mòzhe li òshte edìn komplèkt prìbori?

We'll be needing another place setting.
wil bi: ni:diŋ ə`nʌðə pleis `setiŋ.

Моля Ви, подайте ми
<u>пипера</u> [солта, хляба].
*Mòlia vi, podàite mi pipèra
[soltà, hliàba].*

Pass me the pepper
[salt, bread], please.
pæs mi: ðə `pepə [sɔlt, bred],
pli:z.
*пѐс ми дъ пѐпъ [солт, бред],
плѝиз.*

Бих искал (-а)...
Bih ìskal (-a)...

I'd like..
aid `laik...
айд лайк...

Искам пържолата <u>почти
сурова</u> [недоопечена, добре
изпечена].
*Ìskam pərzhòlata pochtì
suròva [nedoopèchena, dobrè
izpèchena].*

I'd like my steak <u>rare</u>
[medium-rare, well-done].
aid laik mai steik rɛə [`mi:diəm
rɛə, `wel`dʌn].
*айд лайк май стейк рѐъ
[мѝидиъм рѐъ, уѐл дън].*

Това ястие е <u>недоопечено</u>
[<u>препечено</u>].
*Tovà yàstie e nedoopècheno
[prepècheno].*

This {dish} is [<u>underdone</u> [not
cooked well enough],
<u>overdone</u> [overcooked]].
ðis {diʃ} iz `ʌndə`dʌn [nɔt
ku:kt wel i`nʌf], `ouvə`dʌn
[`ouə`ku:kt].
*дис [диш] из ъндъдън [нот
кўукт уѐл инъф], ъувъдън
[ъувъкуукт].*

Какво има в това ястие?
Kakvò ìma v tovà yàstie?

What's in this {dish}?
wɔts in ðis {diʃ}?
уотс ин дис {диш}?

Може ли да не ми слагате
<u>сол</u> [лук, чесън].
*Mòzhe li da ne mi slàgate
sol [luk, chèsən].*

Could I have mine without
<u>salt</u> [onions, garlic].
ku:d ai hæv main wi`ðait sɔlt
[`ʌnjəns, `ga:lik].
*кўуд ай хев майн уидàут
солт [ъниънс, гàалик].*

Аз съм вегетарианец. Какво имате за вегетарианци?
Az səm vegetariànets. Kakvò ìmate za vegetariàntsi?

I'm vegetarian. What do you have for vegetarians?
aim ˌvedʒɪˈteəriən. wɔt du: ju: hæv fɔ: ˌvedʒɪˈteəriəns.
айм вѐджитѐъриън. йо̀т ду ю хев фо вѐджитѐъриънс?

Какво ще ми препоръчате?
Kakvò shte mi preporə̀chate?

What do you recommend?
wɔt du: ju: ˌrekəˈmend?
йо̀т ду ю рѐкъмѐнд?

Всичко наред ли е? Да Ви донеса ли нещо?
Vsìcho narèd li e? Da vi donesà li nèshto?

Is everything OK? Can I get you anything?
ɪz ˈevrɪθɪŋ ˈouˈkei? kæn ai get ju: ˈeniθɪŋ?
из ѐвритин о̀у кей? кѐн ай гѐт ю ѐнитин?

Наред ли беше всичко?
Narèd li bèshe vsìchko?

Was everything OK?
wʌz ˈevrɪθɪŋ ˈouˈkei?
уъз ѐвритин о̀у кей?

Да, всичко беше наред.
Da, vsìchko bèshe narèd.

Yes, everything was fine.
jes, ˈevrɪθɪŋ wʌz fain.
йес, ѐвритин уъз файн.

Храната беше хубава [ужасна].
Hranàta bèshe hùbava [uzhàsna].

It was a lovely [an awful] meal.
it wʌz ə ˈlʌvli [ən ɔːful] miːl.
ит уъз ъ лъ̀вли [ън о̀офул] мѝил.

Бакшишът включен ли е? Обикновено оставям 15% за сервитьора.
Bakshìshət vkliùchen li e? Obiknovèno ostàviam petnàdeset protsènta za servitiòra.

Is the tip [gratuity] included? I usually leave a 15% tip for the waiter.
iz ðə tip [grətjuːiti] inˈkluːdɪd? ai ˈjuːʒuəli liːv ə ˈfiftiːn pəɾ sent tip fɔː ðə weitə.
из дъ тип [грѐтюити] инклу̀удид? ай южю̀ъли лѝив ъ фѝфтиин пърсѐнт тип фо дъ уѐйтъ.

Може ли сметката? *Mòzhe li smètkata?*	Could we have the bill, please. ku:d wi: hæv ðə bil, pli:z. *кỳуд уѝ хев дъ бил, плѝиз.*
Благодаря. Задръжте рестото. *Blagodarià. Zadrъ̀zhte rèstoto.*	Thank you. [Thanks.] Keep the change. θæŋk ju: [θæŋks]. ki:p ðə tʃeindʒ. *тенк ю [тенкс]. кѝип дъ чѐйндж.*
Искам да платя с кредитна карта. *Ìskam da platiàs krèditna kàrta.*	I'd like to pay by [with] credit card. aid laik tə pei bai [wið] `kredit ka:d. *айд лайк тъ пей бай [уѝд] крѐдит кàад.*
прибори за хранене *prìboroi za hrànene*	table setting teibəl setiŋ *тѐйбъл сѐтин*
стъклена чаша *stъ̀klena chàsha*	glass gla:s *глàас*
порцеланова чаша *portselànova chàsha*	cup kʌp *къп*
клиент *klièent*	customer `kʌstəmə *кѐстъмъ*
вилица *vìlitsa*	fork fɔ:k *фòок*
нож *nozh*	knife naif *найф*

салфетка	napkin
salfètka	næpkin
	нѐпкин
чиния	plate
chinìya	pleit
	плейт
лъжица	spoon
ləzhìtsa	spu:n
	спу̀ун
маса	table
màsa	teibəl
	тѐйбъл
покривка	table-cloth
pokrìvka	`teibəl`klɔθ
	тѐйбъл клот
поднос	tray
podnòs	trei
	трей
сервитьорка	waitress
servitiòrka	`weitris
	уейтрис
приготвяне (готвене)	preparation
prigòtviane (gòtvene)	`prepə`reiʃən
	прѐпърѐйшън
основно ястие	main <u>course</u> [dish]
osnòvno yàstie	mein kɔ:s [diʃ]
	мейн кòос [диш]
масло	butter
maslò	`bʌtə
	бъ̀тъ

готвач	cook
gotvàch	ku:k
	кỳук
грил	grill
gril	gril
	грил
месо на грил	grilled meat
mesò na gril	grild mi:t
	грилд мùит
печено	baked
pècheno	beikt
	бейкт
печено (месо)	roasted
pècheno (mesò)	roustid
	ròустид
варено	boiled
varèno	bɔild
	бойлд
бъркани (яйца)	scrambled
bèrkani (yaitsà)	`skæmbld
	скремблд
пържено	fried
pèrzheno	fraid
	фрайд
печен (на скара)	grilled
pèchen (na skàra)	grild
	грилд
палачинка	pancake
palachìnka	`pænkeik
	пèнкейк
задушено	stewed
zadushèno	stju:d
	стюуд

растително масло	vegetable oil	
rastitelno maslò	`vedʒitəbəl `ic	
	вèджитъбъл ойл	
салати	salads	
salàti	`sæləd	
	сèлъдс	
салатен сос със синьо сирене	blue cheese dressing	
salàten sos səs sìnio sìrene	blu: `tʃi:z `dresiŋ	
	блу чийз дрèсин	
студена зелева салата	cold slaw	
studèna zèleva salàta	kould slɔ:	
	кòулд слɔо	
ордьоври	hors-d'oeuvres	
ordiòvri	`ɔ:də:vs	
	òдъвс	
маруля и домат	lettuce and tomato	
marùlia i domàt	`letis ənd tə`ma:tou	
	лèтис ънд тъмàтъу	
олио и оцет	oil and vinegar	
òlio i otsèt	`ɔil ənd `vinigə	
	ойл ънд вùнигъ	
подправки за салата	salad dressing	
podpràvki za salàta	`sæləd ˏdresiŋ	
	сèлъд дрèсин	
салата от скариди	shrimp salad	
salàta ot skarìdi	ʃrimp `sæləd	
	шримп сèлъд	
сандвичи	sandwiches	
sàndvichi	`sændwitʃiz	
	сèндуичис	
резенчета студено месо	cold cuts	
rèzencheta studèno mèso	`kould`kʌts	
	кòулд къ̀тс	

201

хамбургер *hàmburger*	hamburger `hæmbə:gə *хèмбъ̀ъгъ*	
хот дог *hot dog*	hot dog `hɔt`dɔg *хот дог*	
пица *pìtsa*	pizza `pi:tsə *пѝцъ*	
месо и риба *mesò i riba*	**meat and fish** mi:t ənd fiʃ *мѝит ънд фѝш*	
говеждо месо *govèzhdo mesò*	beef bi:f *бѝиф*	
бифтек, говежда пържола *biftèk, govèzhda pərzhòla*	beefsteak `bi:f steik *бѝифстейк*	
хайвер *haivèr*	caviare `kævia: *кèвиа̀а*	
пиле *pìle*	chicken `tʃikən *чѝкън*	
пържола, котлет *pərzhòla, kotlèt*	cutlet `kʌtlit *кѐтлит*	
риба *rìba*	fish fiʃ *фѝш*	
риба и пържени картофи *rìba i pèrzheni kartòfi*	fish and chips fiʃ ənd ˌtʃips *фѝш ънд чѝпс*	

месо от гъска	goose	
mesò ot gèska	gu:s	
	гỳус	

шунка	ham	
shùnka	hæm	
	хем	

шунка с яйца	ham and eggs	
shùnka s yaitsà	`hæmənd`egs	
	хèм енд èгс	

бъбрек	kidney	
bèbrek	`kidni	
	кѝдни	

черен дроб	liver	
chèren drob	`livə	
	лѝвъ	

омар	lobster	
omàr	`lɔbstə	
	лòбстъ	

кюфтета	meat balls	
kiuftèta	`mi:t `bɔ:ls	
	мѝит болс	

овнешко месо	mutton	
òvneshko mesò	mʌtn	
	мъ̀тн	

свинско месо	pork	
svìnsko mesò	pɔ:k	
	пòок	

шиш	spit [skewer]	
shish	spit [`skjuə]	
	спит [скю̀ъ]	

шницел	schnitzel	
shnìtsel	`ʃnitsəl	
	шнѝцъл	

пуйка	turkey	
pùika	ˋtə:ki	
	тъ̀ъки	
телешко	veal	
tèleshko	vi:l	
	вѝил	
зеленчуци и зеленчукови ястия	vegetables and vegetarian dishes	
zelenchùtsi i zelenchùkovi yastiyà	ˋvedʒitəbəls ənd ˌvedʒɪˋteəriən ˋdɪʃiz	
	вѐджитъбъл ънд вѐджитѐъриън дѝшиз	
хляб	bread	
hliàb	bred	
	бред	
зеле	cabbage	
zèle	ˋkæbidʒ	
	кѐбидж	
моркови	carrots	
mòrkovi	ˋkærəts	
	кѐръ̀тс	
кашкавал, сирене	cheese	
kashkavàl, sìrene	tʃi:z	
	чѝиз	
краставица	cucumber	
kràstavitsa	ˋkju:kʌmbə	
	кю̀къмбъ	
яйца	eggs	
yaitsà	egs	
	егс	
чесън	garlic	
chèsən	ga:lik	
	га̀алик	

204

гъби *gèbi*	mushrooms `mʌʃrums *мѐшруумс*	
юфка *yufkà*	noodles nu:dls *нỳудлс*	
омлет *omlèt*	omelette `ɔmlet *о̀млит*	
маслини *maslìni*	olives `ɔlivs *олѝвс*	
лук *luk*	onion `ʌnjən *ѐниън*	
картофи *kartòfi*	potatoes pə`teitous *пътѐйтоус*	
супа *sùpa*	soup su:p *сỳуп*	
домати *domàti*	tomatoes tə`ma:tous *тъма̀тоус*	
плодове *plodovè*	fruits fru:ts *фрỳутс*	
ябълка *yàbɤlka*	apple `æpəl *ѐпъл*	
киви *kìvi*	kiwi fruit ki:vi fru:t *кѝви фрỳут*	

пъпеш	melon
pèpesh	`melən
	мѐлън
портокали	oranges
portokàli	`ɔrindʒiz
	òринджис
диня	watermelon
dìnia	`wɔtə`melən
	уòтъ мѐлън
десерти	**deserts**
desèrti	disə:ts
	дизѐътс
кейк, сладкиш	cake
kèik, sladkìsh	keik
	кейк
шоколад	chocolate
shokolàd	`tʃɔkəlit
	чòкълит
сладолед	ice-cream
sladolèd	`ais`kri:m
	àйс крùим
кисело мляко	yoghurt
kìselo mliàko	`jougə:t
	йòгъът
мармалад, конфитюр	jam
marmalàd, konfitiùr	dʒæm
	джем
крем-карамел	cream caramel
krem karamèl	kri:m `kærəmel
	крùим кѐръмел
пай, пълнен сладкиш	pie
pài, pèlnen sladkìsh	pai
	пай

спиртни напитки
spìrtni napìtki

spirits
spirits
спѝритс

бира
bìra

beer
biə
бѝъ

шампанско
shampànsko

champagne
ˌʃæmˈpein
шѐмпѐйн

джин
dzhin

gin
dʒin
джин

ликьор
likiòr

liqueur
liˈkjuə:
ликю̀ъ

бяло [червено] вино
bialo [chervèno] vìno

white [red] wine
wait [red] wain
уа̀йт [ред] уа̀йн

    сухо
    sùho

    dry
    drai
    дра̀й

    сладко
    slàdko

    sweet
    swi:t
    суѝит

    полусухо
    polùsuho

    medium-dry
    ˈmi:diəmˈdrai
    мѝидиъм дра̀й

безалкохолни напитки
bezalkohùlni napìtki

non-alcoholic drinks
ˈnɔnˈælkəhɔlik driŋks
но̀н-а̀лкохолик дринкс

капучино
kapuchìno

cappuccino
ˈkæpəˈtʃi:nou
кѐпъчѝноу

207

какао *kakào*	cocoa `koukou *кòукоу*
кафе *kafè*	coffee `kɔfi *кòфи*
лимонада *limonàda*	lemonade `lemə`neid *лèмънèйд*
минерална вода *mineràlna vodà*	mineral water `minərəl `wɔtə *мùнърьл уòтъ*
{билков} чай *{bìlkov} chài*	{herb} tea {hə:b} ti: *{хèъб} тùи*
вода *vodà*	water `wɔtə *уòтъ*
със [без] захар *səs [bez] zàgar*	<u>with</u> [without] sugar wið [wiðaut] `ʃugə *уùд {уидàут} шỳгъ*
<u>без мляко</u> [черно кафе] *bez mliàko [chèrno kafè]*	<u>without milk</u> [black] wið`aut milk (blæk) *уидàут милк [блек]*
с мляко *s mliàko*	with milk wið milk *уùд милк*

САМОЛЕТ – AIR TRAVEL

Бих искал (-а) да запазя едно място в самолета за Лондон. *Bih ìskal (-a) da zapàzia ednò miàsto v samolèta za Lòndon.*	I'd like to reserve a seat on a flight to London. aid laik tə ri`zə:v ə si:t on ə flait tə `Lʌndən. *айд лайк тъ ризèъв ъ сùит он ъ флайт тъ лъндън.*

Ще искате ли място до прозореца? *Shte ìskate li miàsto do prozòretsa?*	Would you like a window seat? wu:d ju: laik ə `windou si:t? *уỳд ю лайк ъ уѝндъу сѝит?*
Бих искал (-a) място до прозореца. *Bih ìskal (-a) miàsto do prozòretsa.*	Yes, I would like to sit next to a window. jes, ai wu:d laik tə sit nekst tə ə `windou. *йес, ай ỳуд лайк тъ сѝит некст тъ ъ уѝндъу.*
За пушачи или непушачи? *Za pushàchi ili nepushàchi?*	Smoking or non-smoking? `smoukiŋ ɔ: non`smoukiŋ? *смỳукин о нòнсмòукин?*
Искам директен полет до Лондон, ако обичате. *Ìskam dirèkten pòlet do Lòndon, akò obìchate.*	I'd like a direct flight to London, please. aid laik ə dai`rekt flait tə `lʌndən, pli:z. *айд лайк ъ дàйрект флайт тъ лѐндън, плѝиз.*
Полетът до Лондон директен ли е или спира някъде по пътя? *Pòletът do Lòndon dirèkten li e ilì spìra niàkъde po pъtia?*	Is the plane to London a direct flight, or will it stop enroute? iz ðə plein tə `lʌndən ə dai`rekt flait, ɔ: wil it stɔp an`ru:t? *из дъ плейн тъ лѐндън ъ дàйрект флайт, òо уѝл ит стоп анрỳут?*
Колко багаж е разрешено да се носи? *Kòlko bagàzh e razreshèno da se nòsi?*	How much luggage [baggage] am I allowed to carry on board? hau mʌtʃ `lʌgidʒ [`bægidʒ] æm ai ə`ləud tə `kæri on bɔ:d? *хау мъч лѐгидж [бѐгидж] ем ай ълỳуд тъ кѐри он бòод?*

Ще трябва да платите свръхбагаж за 30 кг. *Shte triàbva da platìte svrỳhbagazh za trìdeset kilogràma.*	You'll have to pay extra on luggage in excess of 30 kilo. ju:l hæv tə pei `ekstrə ɔn `lʌdidʒ in ik`ses əf θə:ti `kilou. *юуул хев тъ пей ѐкстра он лѝгидж ин иксѐс ъф тъ̀ти кѝлоу.*
В колко часа излита самолетът за Лондон? *V kòlko chasà izlìta samolètъt za Lòndon?*	When does the plane for London take off? wɛn dʌz ðə plein fɔ: `lʌndən teik ɔf? *уѐн дъз дъ плейн фо лъ̀ндън тейк òф?*
Кога ще кацнем на летище "Хитроу"? *Kogà shte kàtsnem na letìshte "Hìtrou"?*	When will we be landing at Heathrow {airport}? wɛn wil wi: bi: lændiŋ æt `hi:θrou {`ɛəpɔ:t}? *уѐн уѝл уѝ би лѐндин ет хѝтроу {ѐъпòот}?*
Разписанието е в чакалнята. *Raspisànieto e v chakàlniata.*	The time-table is posted in the <u>lounge</u> [waiting room]. ðə `taim`teibəl iz `poustid in ðə laundʒ [weitiŋ ru:m]. *дъ тàймтѐйбъл из пòустид ин дъ лàундж [уѐйтин рỳум].*
Кога трябва да бъда на летището? *Kogà triàbva da bъ̀da na letìsheto?*	When do I <u>have</u> [need] to be at the airport? wɛn du: ai hæv [ni:d] tə bi: æt ði `ɛəpɔ:t? *уѐн ду ай хев [нѝид] тъ бѝи ет ди ѐъпоот?*

210

Летището далече ли е от града? *Letìshteto dalàche li e ot gradà?*	Is the airport far from the {city} center? iz ðə ˋɛərɔ:t fa: frəm ðə {ˋsiti} ˋsentə? *из ди еърoот фàа фръм дъ {сùти} сèнтъ?*
Мога ли да взема тази чанта със себе си като ръчен багаж? *Mòga li da vzèma tàzi chànta sъs sèbe si katò ръchen bagàzh?*	Can I take my pack on board with me? kæn ai teik mai pæk ɔn bɔ:d wið mi:? *кèн ай тейк май пèк онбòод уùд ми?*
Продавате ли цигари в самолета? *Prodàvate li tsigàri v samolèta?*	Are cigarettes sold on board? a: ˋsigərets sould ɔn bɔ:d? *àа сùгъретс сòулд он бòод?*
Къде е пепелникът? *Kъde e pepelnìкъt?*	Where can I find an ash-tray? wɛə kæn ai faind ən ˋæʃ-tri:? *уèъ кен ай фàйнд ън èштрии?*
Пилотът ни съобщи височината и скоростта на полета. *Pilòtъt ni sъobshtì visochinàta i skorosttà na pòleta.*	The pilot gave us altitude and flight speed. ðə ˋpailət geiv ʌs ˋæltitjud ənd flait spi:d. *дъ пàйлът гейв ъс èлтитюуд ънд флайт спùид.*
Моля, закопчейте си коланите. *Mòlia, zakopchèite si kolànite.*	Fasten your seat belts, please. fa:sn jɔ: ˋsi:t.belts, pli:z. *фàасн йо сùит белс, плùиз.*
Лошо ми е. *Lòsho mi e.*	I'm not feeling very well. aim nɔt fi:liŋ ˋveri wel. *айм нот фùилин вèри уèл.*

211

Ако обичате, дайте ми... | Please, bring me...
Akò obìchate, dàite mi... | pli:z, briŋ mi:...
 | *плùиз, брùн ми...*

    вода | some water
    vodà | sʌm ˈwɔtə
 | *съм уòтъ*

    бонбон | a candy bar
    bonbòn | ə ˈkændi ba:
 | *ъ кèнди*

    таблетка против прилошаване | an air-sickness pill
    tablètka protìv priloshàvane | ən ˈɛəˈsiknıs pil.
 | *ън èъсùкнис пил*

В колко часа ще пристигнем? | At what time <u>are we going to</u> [do we] arrive?
V kòlko chasà she pristìgnem? | æt wɔt taim a: wi: gouiŋ tə [du: wi:] əˈraiv?
 | *ет уòт тайм àа уù гòуин тъ [ду уù] ърàйв?*

Искам да наема кола. | I <u>wish</u> [want, need] to rent a car.
Ìskam da naèma kolà. | ai wiʃ [wɔnt, ni:d] tə rent ə ka:.
 | *ай уùш [уòнт, нùид] тъ рент ъ кàа.*

<u>Приятелят</u> ми [съпругата, шефът] ме чакат. | My <u>friend</u> [wife, boss] is waiting for me.
Priyàteliat mi [sъprùgata, shèfъt] me chàkat. | mai frend [waif, bɔs] iz weitiŋ fə mi:.
 | *май френд [уàйф, бос] из уèйтин фъ мù.*

212

СВОЙСТВА, КАЧЕСТВА – ADJECTIVES AND DESCRIPTIONS

Главата е озвучена частично в звукозаписа.

Думите, обозначаващи свойства и качества в английския език не се променят по род и число.

бавен *bàven*	slow slou
безполезен *bespolèzen*	useless `ju:slis
болен *bòlen*	ill il
бърз *bьrz*	quick kwik
важен *vàzhen*	important im`pɔtənt
весел *vèsel*	merry `meri
висок *visòk*	tall tɔ:l
вреден *vrèden*	harmful `ha:mful
глупав *glùpav*	stupid `stju:pid
голям *goliàm*	big big
горчив *gorchìv*	bitter `bitə
грозен *gròzen*	ugly `ʌgli

213

добър	good
dobèr	gud
дълъг	long
dèlɤg	lɔŋ
евтин	cheap
èftin	tʃi:p
здрав	healthy
zdrav	`helθi
интересен	interesting
interèsen	`intristiŋ
кисел	sour
kìsel	sauə
красив	beautiful
krasìv	`bju:tiful
лек	light
lek	lait
лош	bad
losh	bæd
малък	small (little)
màlɤk	smɔ: (litəl)
мокър	wet
mòkɤr	wet
нисък	low (short)
nìsɤk	lou (ʃɔ:t)
нов	new
nov	nju:
огромен	huge
ogròmen	`hju:dʒ
полезен	useful
polèzen	`ju:sful

214

скучен	skùchen	boring `bɔ:riŋ
скъп	skəp	expensive (dear) iks`pensiv (diə)
сладък	slàdək	sweet swi:t
солен	solèn	salty `sɔlti
стар	star	old ould
студен	studèn	cold kould
сух	suh	dry drai
тежък	tèzhək	heavy `hevi
тесен	tèsen	narrow `nærou
топъл	tòpəl	warm wɔ:m
тъжен	tèzhen	sad sæd
умен, мъдър	ùmen, mədər	wise waiz
хубав	hùbav	pretty `priti
широк	shiròk	wide waid
щастлив	shtastlìv	happy `hæpi

Примерите, които следват, съдържат изрази, изписани с по-тъмен шрифт. Точно те са озвучени в звукозаписа.

Как си? Аз съм много добре, щастлив, въодушевен, добре, потиснат, ядосан, болен.
Kak si? Az sъm mnògo dobrè, shtastlìv, vъodushevèn, dobrè, potìsnat, yadòsan, bolen.

How are you? I'm - pretty good, happy, excited, alright, sad, depressed, angry, sick.
hau a: ju:? aim – `priti gu:d, `hæpi, ik`saitid, `ɔlrait, sæd, di`prest, æŋgri, sik.

Какъв човек е той [тя]?
Той [тя] е красив (красива-f.) умен (умна - f.), добър (добра - f.), интересен (интересна - f.), топъл (топла - f.), скучен (скучна - f.), тъп (тъпа - f.), нечестен (нечестна - f.), грозен (грозна - f.), лош (лоша - f.) {човек - m.}.
Kakѐv chovèk e tòi [tià]? Tòi tià e krasìv (krasìva), ùmen (ùmna), dobѐr (dobrà), interèsen (interèsna), tòpъl (tòpla), skùchen (skùchna), tъp (tъpa), nechèsten (nechèstna), gròzen (gròzna), losh (lòsha) {chovèk}.

What kind of person is he [she]? He's [She's] - a wise, a beautiful (ж.р.), a handsome (м.р.), **an intelligent,** a good, an interesting, a warm, a boring, a stupid, a dishonest, an ugly, a bad – **person.**
wɔt kaind əf pə:sn iz hi: [ʃi:]? hiz [ʃiz] – ə wais, ə `bju:tiful, ə `hændsʌm, ən in`telidʒənt, ə gu:d, ən `intristiŋ, ə wɔ:m, ə `bɔ:riŋ, ə `stju:pid, ə dis`ɔnist, ən `ʌgli, ə bæd – {pə:sn}.

Как умее да работи той?
Той е добър, отговорен, бърз, бавен, нечестен.
Kak umèe da rabòti tòi? Tòi e dobѐr, otgovòren, bъrz, bàven, nechèsten.

What kind of work does he do? **He's - good, responsible,** fast, slow, dishonest.
wɔt kaind əf wə:k dʌz hi: du:? hiz – gu:d, ris`pɔnsəbəl, fæst, slou, dis`ɔnist.

Как е бизнесът? Добре е о'кей, има много работа, върви бавно, "умряла работа".
Kak e bìznesъt? Dobrè e [o kèi, ìma mnògo ràbota,

How's business? It's - good, OK, busy, slow, dead.
hauz `biznis? its gu:d, [`oukei, bizi, slou, ded].

vərvì bàvno, "umriàla ràbota"].

Защо говориш за това? [Защо поставяш този въпрос?] Важно ли е? Това е важно, необходимо, спешно, опасно. *Zahstò govòrish za tovà? [Zashtò postàviash tòzi vəpròs?] Vàzhno li e? – Tovà e vàzhno, neobhodìmo, spèshno, opàsno?*	Why are you bringing it up? Is it - **important**, necessary, urgent, dangerous? wai a: hu: briŋiŋ it ʌp? iz it – im`pɔtənt, `nesesəri, ʌ:dʒənt, `deindʒərəs.
Забавлява ли се? Прекара ли добре? Беше прекрасно, възбуждащо (вълнуващо), интересно, еднообразно, скучно, ужасно. *Zabavlìava li se? Prekàra li dobrè? Bèshe prekràsno, vəzbùzhdashto (vəlnùvashto), interèsno, ednoobràzno, skùchno, uzhàsno.*	Did you have fun? It was - **wonderful**, exciting, interesting, tedious, boring, terrible. did ju: hæv fʌn? it wʌz – `wʌndəful, ik`saitiŋ, `intristiŋ, `ti:diəs, `bɔ:riŋ, `terəbəl.
Колко струва? Скъпо е, не е скъпо, изгодно, евтино, много евтино. *Kòlko strùva? Skəpo e, ne e skəpo, izgòdno, èftino, mnògo èftino.*	How much is it? It's - **expensive**, not expensive, a bargain, cheap, <u>very</u> [dirt] cheap. hau mʌtʃ iz it? its iks`pensiv, not iks`pensiv, ə `ba:gin, tʃi:p, `veri [də:t] tʃi:p.
Колко е голямо? Огромно е, високо, дълго, широко, късо, тясно, ниско, малко, много малко. *Kòlko e goliàmo? Ogròmno e, visòko, dəlgo, shiròko, kəso, tiàsno, nìsko, màlko, mnògo màlko.*	How big is it? It's - **huge**, tall, high, long, wide, short, narrow, low, small, tiny. hau big iz it? its – hju:dʒ, tɔ:l, hai, loŋ, waid, ʃɔ:t, `nærou, lou, smɔ:l, `taini.

Колко тежи?	How much does it weigh?
Тежко е, не е толкова тежко, леко е.	It's - heavy, not so heavy, light.
Kòlko tezhì?	
Tèzhko e, ne e tòlkova tèzhko, lèko e.	hau mʌtʃ dʌz it wei? its – hævi, not sou `hævi, lait.

Какъв вкус има?
Горчиво е, сладко, кисело, солено, вкусно, много прясно, става за ядене, ужасно.
Kakèv vkùs ìma?
Gorchìvo e, slàdko, kìslo, solèno, vkùsno, mnògo priàsno, stàva za yàdene, uzhàsno.

What does it taste like?
It's - bitter, sweet, sour, salty, delicious, quite fresh, edible, horrible.
wɔt dʌz it teist laik? its – `bitə, swi:t, `sauə, `sɔlti, di`liʃəz, `kwait`freʃ, `edibəl, `hɔrəbəl.

Как изглежда?
В прекрасно състояние, ново, червено, старо, износено.
Kak izglèzhda?
V prekràsno səstoyànie, nòvo, chervèno, stàro, iznòseno.

What does it look like?
It's - in perfect condition, new, red, old, worn-out.
wɔt dʌz it lu:k laik? its – in `pə:fikt kən`diʃən, nju:, red, ould, wɔ:n-aut.

Какво е времето?
Горещо, задушно, слънчево, топло, вали дъжд, много приятно, ветровито, вали сняг, студено, отвратително.
Kakvò e vrèmeto?
Gorèshto, zadùshno, slènchevo, tòplo, valì dəzhd, mnògo priyàtno, vetrovìto, valì sniàg, studèno, otvratìtelno.

What's the weather like?
It's - hot, muggy, sunny, warm, raining, quite pleasant, windy, snowing, cold, miserable.
wɔts ðə `weðə laik? its – hɔt, `mʌgi, `sʌni, wɔ:m, `reiniŋ, kwait, `plezənt, `windi, `snouiŋ, `kould, `mizərəbəl.

Как пътува?
Беше прекрасно, вълнуващо,

How was your trip?
It was a - wonderful, exciting,

продължително, изморително пътуване.
Kak pətùva?
Bèshe prekràsno, vəlnùvashto, prodəlzhìtelno, izmorìtelno pətùvane.

long, tiring - journey.
hau wʌz jo: trɪp? it wʌz ə – `wʌndəful, ik`saitiŋ, loŋ, `taiəriŋ - `dʒə:ni.

Хареса ли ти книгата?
Беше прекрасна, дава много теми за размисъл, скучна, ужасна.
Harèsa li ti knìgata?
Bèshe prekràsna, dàva mnògo tèmi za ràzmisəl, skùchna, uzhàsna.

How was the book?
It was - excellent, thought-provoking, boring, terrible.
hai wʌz ðə bu:k? it wʌz – `eksələnt, `θout, prə`boukiŋ, bɔ:riŋ, `terəbəl.

ТАКСИ – TAXI

Къде спират такситата?
Можеш (-те) ли да ми помогнеш (-те) да намеря (да спра) такси?
Kədè spìrat taksìtata?
Mòzhesh (-te) li da mi pomògnesh (-te) da namèria (da spra) taksì?

Where is the taxi stop?
Can you help me <u>find</u> [flag down] a taxi?
wɛə iz ðə tæksi stɔp? kæn ju: help mi: faind [flæg daun] ə tæksi?
уеъ из дъ тèкси стоп? кен ю хèлп ми файнд [флег да̀ун] ъ тèкси?

Закарайте ме на <u>летището</u> [този адрес, Българското посолство].
Zakàraite me na letìshteto [tòzi adrès, Bəlgarskoto posòlstvo].

Take me to <u>the airport</u> [this address, the Bulgarian embassy].
teik mi: tə ði `ɛəpɔ:t [ðis ə`dres, ðə bʌl`geəriən `embəsi].
тейк ми тъ ди èъпоот [дис ъдрèс, дъ бългèъриън èмбъси].

219

Бързам {малко}. Малко съм притеснен.	I'm in a {bit of a} hurry. I'm in a bit of a rush [trouble].
Bὲrzam {màlko}. Màlko sɤm pritesnèn.	aim in ə {bit əf ə} `hʌri. aim in ə bit əf ə гʌʃ [trʌbəl].
	айм ин ъ {бит ъф ъ} хъ̀ри. айм ин ъ бѝт ъф ъ ръ̀ш [тръ̀бъл].
Спрете тук. Искам да сляза тук.	Stop here. I'd like to get out here.
Sprète tuk. Ìskam da sliàza tuk.	stop hiə. aid laik tə get aut hiə. стоп хѝъ. айд лайк тъ гет а̀ут хѝъ.
Колко Ви дължа?	How much do I owe you [is it, does the meter say]?
Kòlko vi dɤlzhà?	hau mʌtʃ du: ai ou ju: [iz it, dʌz ðə `mi:tə sei]?
	ха̀у мъч ду ай о̀у ю [ѝз ит, дъ̀з дъ мѝитъ сѐй]?

ТЕЛЕФОН – TELEPHONE

Може ли да говоря с г-н Браун, моля? Задръжте така [изчакайте малко].	May [Might, Could] I speak to Mr. Brown, please? Hold [Hang] on a moment. *('Hang on' is informal.)*
Mòzhe li da govòria s gospodìn Bràun, mòlia? Zadrɤ̀zhte taka [izchàkaite màlko].	mei [mait, ku:d] ai spi:k tə `mistə braun, pli:z? hould [hæŋ] ɔn ə `moumənt. мѐй [ма̀йт, ку̀уд] ай спѝик тъ мѝстъ бра̀ун, плѝиз? хо̀улд [хен] он ъ мо̀умънт.
Моля, кой се обажда?	Who's calling please? Who should [can] I say is calling?
Mòlia, kòi se obàzhda?	hu:z kɔ:liŋ pli:z? hu: ʃu:d

| | [kæn] ai sei iz kɔ:liŋ? |
| | *хỳуз кòлин плùиз? ху шуд [кен] ай сей из кòолин?* |

Можете ли да говорите малко по-силно? Не ви чувам. *Mòzhete li da govòrite màlko pò sìlno? Ne vi chùvam.*	Can you speak a little louder? I can't hear you. kæn ju: spi:k ə `litəl `laudə? ai kænt hiə ju:. *кен ю спùик ъ лùтъл лàудъ? ай кент хùъ ю.*
Ще ви се обадя пак <u>по-късно</u> [след няколко минути]. *Shte vi se obàdia pak pò kъ̀sno [sled niàkolko minùti].*	I'll call you back <u>later</u> [in a few minutes]. ail kɔ:l ju: bæk leitə [in ə fju: `minits]. *айл кòл ю бèк лèйтъ [ин ъ фю мùнитс].*
Може ли да запишете номера ми и да му го предадете? Бихте ли му дали моя номер? *Mòzhe li da zapìshete nòmera mi i da mu go predadète? Bìhte li mu dàli mòya nòmer?*	Can you take down my number and give it to him? Can you give him my number? kæn ju: teik daun mai `nʌmbə ənd giv it tə him? kæn ju: giv him mai `mʌmbə? *кен ю тейк дàун май нъ̀мбъ ънд гùв ит тъ хùм? кен ю гùв хим май нъ̀мбъ?*
Теб търсят. [Вас търсят.] *Teb tъ̀rsiat. [Vas tъ̀rsiat.]*	It's a call for you. <u>The</u> [This] call is for you. its ə kɔ:l fɔ: ju: ðə [ðis] kɔ:l iz fɔ: ju:. *итс ъ кòл фъ ю̀. дъ[дис] кол из фъ ю̀.*
Извинете, <u>той</u> [тя] не е	I'm sorry, <u>he</u> [she] is not in

тук в момента.
Izvinète, tòi [tià] ne e tuk v momènta.

right now.
aim `sɔri, hi: [ʃi:] iz not in rait nau.
айм сори, хи [ши] из нот ин райт нàу.

<u>Искате ли да предам нещо?</u> [Може ли аз да приема съобщението?]
Ìskate li da predàm nèshto? [Mòzhe li az da priema sъobshtènieto?]

<u>Would you like to leave a message?</u> [Can I take a message?]
wu:d ju: laik tɔ li:v ə `mesidʒ? [kæn ai teik ə `mesidʒ?]
у̀уд ю лайк тъ лùив ъ мèсиджс? [кèн ай тейк ъ мèсидж?]

ТУРИЗЪМ С РАНИЦА НА ГРЪБ – BACKPACKING

Къде можем да се екипираме {за пътуване с раница}?
Kъdè mòzhem da se ekipìrame {za pъtùvane s rànitsa}?

Where can we get outfitted {for backpacking}?
wɛə kæn wi: get `autfitid {fɔ: `bæk`pækiŋ}.
уèъ кен уù гет àутфитид [фо бèкпекин]?

Искаме да наемем <u>раници</u> [палатка].
Ìskame da naèmem rànitsi [palàtka].

We'd like to rent <u>packs</u> [a tent].
wi:d laik tə rent pæks [ə tent].
уùд лайк тъ рèнт пекс [ъ тèнт].

Има ли <u>алпинистски</u> [туристически] клуб в София?
Ima li alpinìstki [turistmcheski] klub v Sòfiya?

Is there a <u>mountaineering</u> [hiking] club in Sofia?
iz ðɛə ˌmaunti`niəriŋ [`haikiŋ] `klʌb in `soufiə?
из дèъ мàунтинùърин [хàйкин] клъб ин сòуфиъ?

Клубът спонсорира ли
обикновени пешеходни
походи?
*Klubèt sponsorìrira li obik-
novèni pesehòdni pòhodi?*

Does the club sponsor
regular treks?
dʌz ðə ˈklʌb ˈspɔnsə ˈregjulə
treks?
*дъз дъ клъб спòнсъ рèгюлъ
трекс?*

Искам да се запиша в клуб
<u>за изучаване живота на пти-
ците</u> [по катерене на скали].
*Ìskam da se zapmsha v klub
za izuchàvane zhivòta na ptì-
tsite [po katèrene na skalì].*

I'd like to join up with
a <u>bird watching</u> [rock
climbing] club.
aid laik tə ˈdʒɔin ʌp wið ə
bəːd ˈwɔtʃiŋ [rɔk klaimbiŋ]
ˈklʌb.
*айд лайк тъ джòйн ъп уùд
ъ бъъд уòтчин [рок
клàймин] клъб.*

ФОТОГРАФИЯ – PHOTOGRAPHY

Искам един <u>цветен</u> [черно-
бял] филм.
*Ìskam edìn tsvèten
[chèrno-biàl] film.*

I need a roll of <u>color</u> [black
and white] film.
ai niːd ə rɔl əf ˈkʌlə [blæk
ənd wait] film.
*ай нùид ъ рол ъф кълъ
[блек ънд уайт] филм.*

Камерата ми не работи
добре. Можете ли да ми
препоръчате майстор?
*Kàmerata mi ne ràboti dobrè.
Mòzhete li da mi preporèchate
màistor?*

There's something wrong with
my camera. Can you
recommend a camera
repairman?
ðeəs sʌmθiŋ wrɔŋ wið mai
ˈkæmərə. kæn juː ˈrekəˈmend
ə ˈkæmərə riˈpeəmen?
*дèъс съмтин рон уùд май
кèмъръ. кен ю рèкъмèнд ъ
кèмъръ рипèъмен?*

Може ли да проявите филма? Кога ще бъдат готови <u>снимките</u> [диапозите]?
Mòzhe li da proyavìte filma? Kogà shte bǎdat gotòvi snìmkite [dialozitìvite]?

I'd like this film <u>developed</u> [printed]. When will the <u>photos</u> [slides] be ready?
aid laik ðis film də `veləpt [printid]. wen wil ðə `foutous [slaids] bi: `redi?
айд лайк дис филм дивѐлъпт [прѝнтид]. уѐн уйл дъ фо̀ътоус [слайдс] би рѐди?

Имате ли нещо против да Ви снимам?
Ìmate li nèshto protìv da vi snìmam?

<u>Do you mind if</u> [Can] I take your picture?
du: ju: maind if [kæn] ai teik jo: `pɪktʃə?
ду ю майнд иф [кен] ай тейк йо пѝкчъ?

Позволено ли е да се фотографира тук?
Pozvolèno li e da se fotografìra tuk?

Am I allowed to take photos {in} here? Is photography allowed?
æm ai ə`ləud tə teik `foutous {in} hiə? iz fə`təgrəfi ə`ləud?
ем ай ълѐуд тъ тейк фо̀утоус {ин} хѝъ? из фътòграфи ълѐуд?

ФРИЗЬОР – AT THE HAIRDRESSER'S (AND BARBERSHOP)

Искам да запиша час.
Искам <u>прическа</u> [подстригване].
*Ìskam da zapìsha chas.
Ìskam prichèska [podstrìgvane].*

I'd like to make an appointment. I'd like to have my hair <u>done</u> [cut].
aid laik tə meik ən ə`pɔintmənt. aid laik tə hæv mai hεə dʌn [kʌt].
айд лайк тъ мейк ън ъпо̀йнтмънт. айд лайк тъ хев май хѐъ дън [кът].

Какво ще правим днес?
Искам подстригване и сешоар [шампоан и трайно, къдрене с апарат], моля.
Kakvò shte pràvim dnes?
Ìskam podstrìgvane i seshoàr [shampoàn i tràino kèdrene s aparàt], mòlia.

What can I do for you today?
I'd like a cut and blow-dry [shampoo and a permanent [set - Br], please.
wɔt kæn ai du: fə ju: tə`dei?
aid laik ə kʌt ənd `blou`drai [ʃæm`pu: ənd ə `pə:mənənt (set)], pli:z.
уòт кен ай дỳ фъ ю тъдèй?
айд лайк ъ кът ънд блòу драй [шемпỳу ънд ъ пъъмънънт (сет)], плùиз.

Как да Ви подстрижа [среша]?
Kak da vi podstrìzha [srèsha]?

How would you like it cut [done]?
hau wu:d ju: laik it kʌt [dʌn]?
хàу ỳуд ю лайк тъ кът [дън]?

Не много късо.
Не режете толкова късо.
Ne mnògo kèso. Ne rezhète tòlkova kèso.

Not too short.
Don't cut it too short.
not tu: ʃɔ:t. dount kʌt it tu: ʃɔ:t.
нот тỳу шòот. дòунт кът ит тỳу шòот.

Не вземайте много отзад [отстрани]. Не отрязвайте много отзад.
Ne vzèmaite mnògo otzàd [otstranì]. Ne otriàzvaite mnògo otzàd.

Not too much off the back [sides]. Don't cut too much off the back.
not tu: mʌtʃ ɔf ðə bæk [saids]. dount kʌt tu: mʌtʃ ɔf ðə bæk.
нот тỳу мъч ъф дъ бèк [сайдс]. дòунт кът тỳу мъч ъф дъ бек.

Скъсете повече отгоре [отстрани].
Skъsète pòveche otgòre [otstranì].

Take more off the top [sides].
teik mɔ: ɔf ðə top [saids].
тейк мòо ъф дъ топ [сайдс].

225

Искам да променя
прическата си. Косата ми е
естествено къдрава
[права].
*Ìskam da promenià prichès-
kata si. Kosàta mi e estèstveno
kòdrava [pràva].*

I'd like to change my
hairstyle [looks, coiffure].
My hair is naturally curly
[straight].
aid laik tə tʃeindʒ mai ˈhɛəstail
[luːks, kwaːˈfjuə]. mai hɛə iz
ˈnetʃərəli kɔːli [streit].

*айд лайк тъ чейндж май
хèъстайл [лỳукс, куафюъ].
май хèъ из нèчъръли къъли
[стрейт].*

ЦВЕТОВЕТЕ – COLOURS
Главата е озвучена в звукозаписа.

бежев (-а, -о, -и)
bèzhev (-a, -o, -i)

beige
beiʒ

черен (-а, -о, -и)
chèren (-a, -o, -i)

black
blæk

(Има голям черен пазар.)
(Ìma goliàm chèren pazàr.)

(There is a large black market.)
(ðɛə iz ə laːdʒ blæk ˈmaːkit.)

син (-я, -ьо, -и)
sin (-yà, -iò, -i)

blue
bluː

(Бях изненадан. Стана
съвсем неочаквано.)
*(Biàh iznenàdan. Stàna
sъvsèm neochàkvano.)*

(I was surprised.
It came out of the blue.)
(ai wɔz ˈsəˈpraizd.
it keim aut əf ðə bluː.)

кафяв (-а, -о, -и)
kafiàv (-a, -o, -i)

brown
braun

(Никой не обича подмазвачите.)
*(Nìkoi ne obìcha
podmazvàchite.)*

(No one likes a brown-noser.)
(nou wʌn laiks ə
braun-ˈnouzə.)

тъмен (-а, -о, -и)
tъ̀men (-a, -o, -i)

dark
daːk

226

(Бях държан (-а) на тъмно (без информация).)	(I was kept in the dark.)
(Biàh dьrzhàn (-a) na tьmno (bez informàtsiya).)	(ai wʌz kept in ðə dɑ:k.)
зелен (-а, -о, -и)	green
zelèn (-a, -o, -i)	gri:n
(Джейн позеленя от завист.)	(Jane was green with envy.)
(Dzhèin pozelenià ot zàvist.)	(dʒein wʌz gri:n wið `envi.)
сив (-а, -о, -и)	grey
siv (-a, -o, -i)	grei
(Това е потискащ сив ден.)	(It's a depressing, grey day.)
(Tovà e potìskasht siv den.)	(its ə di`presiŋ, grei dei.)
светъл (-а, -о, -и)	light
svètəl (-a, -o, -i)	lait
(Виждам светлина в края на тунела.)	(I see the light at the end of the tunnel.)
(Vìzhdam svetlinà v kràya na tunèla.)	(ai si: ðə lait æt ði end əf ðə `tʌnəl.)
пъстър (-а, -о, -и)	<u>many</u> [multi]-colored
pьstьr (-a, -o, -i)	`mæni [`mʌlti]-`kʌləd
оранжев (-а, -о, -и)	orange
orànzhev (-a, -o, -i)	`ɔrindʒ
розов (-а, -о, -и)	pink
ròzov (-a, -o, -i)	piŋk
(Алиса гледаше света с розови очила.)	(Alice looked at the world through pink-colored glasses.)
(Alìsa glèdashe svetà s ròzovi ochìla.)	(`ælis lu:kt æt ðə wɔ:ld θru: `piŋk`kʌləd `glæsiz.)
червен (-а, -о, -и)	red
chervèn (-a, -o, -i)	red

227

(Губещият бизнес често води до банкрут.) (Gùbeshtiyat biznes chèsto vòdi do bankrùt.)	*(Businesses in the red often end up filing bankrupcy.)* (`biznisis in ðə red `ɔfn end ʌp `failiŋ bæŋkrəpsi.)
тюркоазен (-а, -о, -и) *tiurkoàzen (-a, -o, -i)*	turquoise `tə:`kɔiz
бял (-а, -о, -и) *bial (-a, -o, -i)*	white wait
(Надяваме се да вали сняг на Коледа.) (Nadiàvame se da valì sniàg na Kòleda.)	*(We're hoping for a white Christmas.)* (wi: a: `houpiŋ fɔ: ə wait `krisməs.)
виолетов (-а, -о, -и) *violètov (-a, -o, -i)*	violet `vaiəlit
жълт (-а, -о, -и) *zhəlt (-a, -o, -i)*	yellow `jelou
(Джон не може да отстоява интересите си. Джон е страхливец.) (Dzhon ne mòzhe da otstoyàva interèsite si. Dzhon e strahlìvets.)	*(John has a yellow streak. John is a coward.)* (dʒɔn hæz ə `jelou stri:k. dʒɔn iz ə `kauəd.)

ЦЪРКВА – CHURCH

Отворена ли е <u>църквата</u> [джамията]? Може ли да посетим църквата? Кога е отворена?
Otvòrena li e tsərkvata [dzhamìyata]? Mòzhe li da posetìm tsərkvata? Kogà e otvòrena?

Is the <u>church</u> [mosque] open? Is it possible to visit the church? When <u>is</u> [does] it open?
iz ðə tʃə:tʃ [mɔsk] `oupən? iz it `pɔsibl tə `vizit ðə tʃə:tʃ? wen iz [dʌz] it `oupən?
из дъ чъъч [моск] òупън? из ит пòсибъл тъ вùзит дъ чъъч? уèн из [дъз] ит òупън?

228

Искам да намеря протес-
тантска [католическа,
православна] църква.
Ìskam da namèria protestàntska [katolìcheska, pravoslàvna) tsèrksa.

I'd like to find a Protestant
[Catholic, Orthodox] church.
aid laik tə faind ə `prɔtistənt
[`kæθəlik, `ɔːθədɔks] tʃəːtʃ.
*айд лайк тъ файнд ъ
прòтистънт [кèтълик,
òтъдокс] чъ̀ъч.*

Кога започва службата?
Kogà zapòchva slùzhbata?

What time is the service [does
the service begin]?
wɔt taim iz ðə `səːvis [dʌz ðə
`səːvis bi`gin]?
*уòт тайм из дъ сèъвис [дъз
дъ сèъвис бигѝн]?*

Може ли да отидем в джа-
мията [синагогата]. Необхо-
димо ли е специално облекло?
Mòzhe li da otìdem v dzhamìyata [sinagògata]. Neobhodìmo li e spetsiàlno oblekclò?

Can we visit the mosque
[synagogue]? Do we need to
be dressed special?
kæn wi `vizit ðə mɔsk
[`sinə.gɔg]? duː wi niːd tə biː
drest `speʃəl?
*кèн уѝ вѝзит дъ моск
[сѝнъгог]? ду уѝ нѝид тъ би
дрест спèшъл?*

Аз съм православен христи-
янин [будист, католик,
мюсюлманин, атеист].
Az sɤm pravoslàven hristiyànin [budìst, katolìk, miusiulmànin, ateìst].

I am an Orthodox christian [a
Buddhist, a Roman Catholic,
a Moslem, an atheist].
ai əm ən `ɔːθədɔks `kristʃən
[ə budist, ə `roumən `kæθəlik,
ə `mɔzlem, ən `eiθiist].
*àй ъм ън òтъдокс крѝшчън
[ъ бỳдист, ъ ро̀умън кèтълик,
ъ мòозлем, ън èйтиист].*

ЧИСЛАТА – NUMBERS
Главата е озвучена в звукозаписа.

See also "Bulgarian Grammar. Numerals")

| Колко? | How many {are there}? |
| *Kòlko?* | hau `meni {a: ðeə}? |

| нула | zero |
| *nùla* | `ziərou |

| едно (един, една) | one |
| *ednò (edìn, ednà)* | wʌn |

| две (два) | two |
| *dve (dva)* | tu: |

| три | three |
| *tri* | θri: |

| четири | four |
| *chètiri* | fɔ: |

пет	five
pet	
faiv	

| шест | six |
| *shest* | siks |

| седем | seven |
| *sèdem* | sevn |

| осем | eight |
| *òsem* | eit |

| девет | nine |
| *dèvet* | nain |

| десет | ten |
| *dèset* | ten |

| единадесет | eleven |
| *edinàdeset* | i`levn |

230

дванадесет	twelve
dvanàdeset	twelv
тринадесет	thirteen
trinàdeset	ˈθəːˈtiːn
четиринадесет	fourteen
chetirinàdeset	ˈfɔːˈtiːn
петнадесет	fifteen
petnàdeset	ˈfɪfˈtiːn
шестнадесет	sixteen
shetnàdeset	ˈsɪksˈtiːn
седемнадесет	seventeen
sedemnàdeset	ˈsevnˈtiːn
осемнадесет	eighteen
osemnàdeset	ˈeitiːn
деветнадесет	nineteen
devetnàdeset	*naintiːn*
двадесет	twenty
dvàdeset	ˈ*twenti*
двадесет и едно	twenty-one
dvàdeset i ednò	ˈtwenti wʌn
двадесет и две	twenty-two
dvàdeset i dve	ˈtwenti tuː
тридесет	thirty
trìdeset	θəːti
четиридесет	forty
chetirìdeset	fɔːti
петдесет	fifty
petdesèt	ˈfifti
шестдесет	sixty
shestdesèt	ˈsiksti

231

седемдесет *sedemdesèt*	seventy ˈsevnti
осемдесет *osemdesèt*	eighty ˈeiti
деветдесет *devetdesèt*	ninety ˈnainti
сто *sto*	one [a] hundred wʌn [ə] ˈhʌndrid
двеста *dvèsta*	two hundred tu: ˈhʌndrid
триста *trìsta*	three hundred θri: ˈhʌndrid
четиристотин *chètorostptom*	four hundred fɔ: ˈhʌndrid
петстотин *pètstotin*	five hundred faiv ˈhʌndrid
хиляда *hiliàda*	one [a] thousand wʌn ˈθauzənd
десет хиляди *dèset hìliadi*	ten thousand ten ˈθauzənd
сто хиляди *sto hìliadi*	one [a] hundred thousand wʌn [ə] hundrid ˈθauzənd
милион *miliòn*	one [a] million wʌn [ə] ˈmiljən
милиард *miliàrd*	one [a] billion wʌn [ə] ˈbiljən
половина *polovìna*	{a, one} half *(I'd like half that amount.)* {ə wʌn} ha:f

един процент [двадесет и пет] процента *edìn protsènt [dvàdeset i pet] protsènta*	<u>one</u> [twenty five] per cent wʌn
сто процента *sto protsènta*	<u>one</u> [a] hundred per cent *(I am one hundred per cent sure.)*
чифт *chift*	pair *(I'm looking for a pair of jeans.)* pɛə
дузина *duzìna*	dozen *(Give me <u>a</u> [a half, half a] dozen eggs.)* dʌzn
144 броя *sto chetirìdeset i chètiri bròya*	gross *(Give me five gross (=720).)* grous

Редни числителни – Ordinal numbers

първи *pàrvi*	first fə:st
втори *vtòri*	second `sekənd
трети *trèti*	third θə:d
четвърти *chetvàrti*	fourth fɔ:θ
пети *pèti*	fifth fifθ
десети *desèti*	tenth tenθ
единадесети *edinàdeseti*	eleventh i`levənθ

дванадесети *dvanàdeseti*	twelfth twelvθ
тринадесети *trinàdeseti*	thirteenth θə:ti:nθ
двадесети *dvàdeseti*	twentieth `twentiiθ
двадесет и първи *dvàdeset i pèrvi*	twenty-first `twenti fə:st
двадесет и втори *dvàdeset i vtòri*	twenty-second `twenti `sekənd
тридесети *trìdeseti*	thirtieth `θə:tiəθ
четиридесети *chetirìdeseti*	fortieth fɔ:tiəθ
стотен *stòten*	hundredth `hundridθ
хиляден *hìliaden*	thousandth `θauzədθ

СЪДЪРЖАНИЕ

Уважаеми читатели!	 3
Introduction	 4
Допълнителни указания	 5
Note on use of the book	 5
Английската азбука	The English Alphabet 6
Английска граматика	English Grammar 7
Аптека	At the drugstore 39
Багаж	Luggage 41
Бензиностанция	At the filling station 43
Библиотеки и музеи	Library and museums 45
Бизнес	Business 46
Брегът на морето	At the Beach 49
Българската азбука	The Bulgarian Alphabet 51
Българска граматика	Bulgarian grammar 52
Вино, алкохол	Beer, wine, and liquor 68
Влак (пътуване)	Train Travel 70
Времето (климат)	Weather 72
Време. Колко е часът?	Time. What's the time? 74
Дати, календар	Date, calendar 77
Деца	Children 80
Екскурзии	Trips, excursions 82
Заповеди. Молби	Commands. Requests 83
Зимни спортове	Winter Sports 86
Зъболекар	Dentist 87
Интернет	Internet 90
Информация	Information 90

Карти, пътеводители	Maps and guides 91
Кога?	When? 92
Кола под наем	Renting a car 96
Кола. Пътуване с кола	Cars. Travelling by car 97
Колоездене	Bicycling 101
Кратки въпроси	Short questions 102
Кратки отговори	Short answers 105
Критични ситуации	Emergencies 107
Къмпинг	Camping 109
Лекар	Doctor 110
Лични данни	Personal Details 116
Лични отношения	Personal relations 117
Мерки за тежест и дължина	Measurements (weight, lenght) 122
Митница, паспорти	Customs and Passports 123
Надписи и табели	Signs 127
Напитки (безалкохолни)	Non-alcoholic drinks 129
Настаняване	Accommodation 130
Нощен живот	Night life 135
Обръщения	How to address people 137
Обслужване по стаите в хотела	Room Service 137
Основни езикови конструкции	Language Construction Patterns 141
Пари	Money 157
Пералня, химическо чистене, поправки	Laundry, dry cleaning, and mending 178
Плащане	Paying the bill 179
Подаръци, сувенири	Gifts and Souvenirs 180

Поздрави	Greetings 182
Покупки	Buying and bargaining 183
Полиция	Police 185
Поправки	Repairs 187
Посоки	Directions 188
Поща	Post Office 190
Ресторант	Eating out (Restaurant) 192
Самолет	Air travel 208
Свойства, качества	Adjectives and descriptions .. 213
Такси	Taxi 219
Телефон	Telephone 220
Туризъм с раница на гръб	Backpacking 222
Фотография	Photography 223
Фризьор	At the hairdresser's (and barbershop) 224
Цветовете	Colours 226
Църква	Church 228
Числата	Numbers 230

INDEX

Accommodation / 130
Adjectives and descriptions / 213
Air travel / 208
At the Beach / 49
At the drugstore / 39
At the filling station / 43
At the hairdresser's
(and barbershop) / 224
Backpacking / 222
Beer, wine, and liquor / 68
Bicycling / 101
The Bulgarian Alphabet / 51
Bulgarian Grammar / 52
Business / 46
Buying and bargaining / 183
Camping / 109
Cars. Travelling by car / 97
Children / 80
Church / 228
Colours / 226
Commands. Requests / 83
Customs and Passports / 123
Date, calendar / 77
Dentist / 87
Directions / 188
Doctor / 110
Eating out (Restaurant) / 192
Emergencies / 107
The English Alphabet / 6
English Grammar / 7
Gifts and Souvenirs / 180
Greetings / 182
Information / 90
Internet / 90

Language Construction
Patterns / 178
Laundry, dry cleaning,
and mending / 178
Library and museums / 45
Luggage / 41
Maps and guides / 91
Measurements
(weight, lenght) / 122
Money / 157
Night life / 135
Non-alcoholic drinks / 129
How to address people / 137
Numbers / 230
Paying the bill / 179
Personal Details / 116
Personal relations / 117
Photography / 223
Police / 185
Post Office / 190
Repairs / 187
Room Service / 137
Short answers / 105
Short questions / 102
Signs / 127
Taxi / 219
Telephone / 220
Time. What's the time? / 74
Train Travel / 70
Trips, excursions / 82
Weather / 72
When? / 92
Winter Sports / 86

В звукозаписа са озвучени следните глави или части от тях:

Английската азбука (стр. 6), Българската азбука (стр. 51), Поздрави (стр. 182), Обръщения (стр. 137), Лични данни (стр. 116), Лични местоимения (стр. 10), Глаголи (стр. 18), Числата (стр. 230), Кратки въпроси (стр. 102), Кратки отговори (стр. 105), Заповеди, молби (стр. 83), Дните на седмицата (стр. 79), Месеците (стр. 79), Сезоните (стр. 80), Цветовете (стр. 226), Свойства, качества (стр. 213), Кога? (стр. 92), Посоки (стр. 188), Основни езикови конструкции (стр. 141).

Some of the phrases are recorded on the accompanying casette. Phrases are first spoken in Bulgarian, and then in English.

The following topics are recorded on the CD:

The English Alphabet (p. 6), The Bulgarian Alphabet (p. 51), Greetings (p. 182), How to address people (p. 137), Personal Details (p. 116), Personal Pronouns (p. 10), Verbs (p. 18), Numbers (p. 230), Short Questions (p. 102), Short Answers (p. 105), Commands and Requests (p. 83), The Days of the Week (p. 79), Months (p. 79), Seasons (p. 80), Colours (p. 226), Adjectives and Descriptions (p. 213), When? (p. 92), Directions (p. 188), Language Construction Patterns (p. 141).

**За повече бройки
и добра търговска отстъпка
направете заявка на:
izdatelstvovizantija@abv.bg**

**Ще получите книгите
с наложен платеж
по куриер**